João Pessoa - PB, 09 de outubro
C.E. Leopoldo Cirne

Impermanência & Imortalidade

DIVALDO P. FRANCO

Impermanência & Imortalidade

Pelo Espírito

CARLOS TORRES PASTORINO

FEDERAÇÃO ESPÍRITA
BRASILEIRA

ISBN 85-7328-401-3

B.N.

1ª edição – *Do 1º ao 2º milheiro*

41-AM; 000.2-O; 7/2004

Capa: DIMMER COM. INTEGRADAS

Projeto gráfico: FATIMA AGRA

Departamento Editorial e Gráfico – Rua Souza Valente, 17
20941-040 – Rio de Janeiro, RJ – Brasil
CNPJ nº 33.644.857/0002-84 *I.E. nº 81.600.503*

Pedidos de livros à FEB – Departamento Editorial:
Tel.: (21) 2589-6020, FAX: (21) 2589-6838.

CIP-BRASIL. CATALOGAÇÃO-NA-FONTE
SINDICATO NACIONAL DOS EDITORES DE LIVROS, RJ.

P329i

Pastorino, Carlos Torres (Espírito)
Impermanência e imortalidade / [psicografado por] Divaldo P. Franco; pelo Espírito Carlos Torres Pastorino. – Rio de Janeiro: Federação Espírita Brasileira, 2004
224p.:

ISBN 85-7328-401-3

1. Imortalidade. 2. Espiritismo. 3. Obras psicografadas. I. Franco, Divaldo P. (Divaldo Pereira), 1927-. II. Federação Espírita Brasileira. III. Título.

04-1928. CDD 133.93
CDU 133.7

26.07.04 29.07.04 007110

Sumário

1

Tudo tem a sua ocasião própria, e há tempo para todo propósito debaixo do céu.

2

Há tempo de nascer, e tempo de morrer; tempo de plantar, e tempo de arrancar o que se plantou;

3

tempo de matar, e tempo de curar; tempo de derribar, e tempo de edificar;

4

tempo de chorar, e tempo de rir; tempo de prantear, e tempo de dançar;

5

tempo de espalhar pedras, e tempo de ajuntar pedras; tempo de abraçar, e tempo de abster-se de abraçar;

6

tempo de buscar, e tempo de perder; tempo de guardar, e tempo de deitar fora;

7

tempo de rasgar, e tempo de coser; tempo de estar calado, e tempo de falar;

8

tempo de amar, e tempo de odiar; tempo de guerra, e tempo de paz.

(Eclesiastes, 3.)

Impermanência e Imortalidade

A ânsia pela imortalidade encontra-se ínsita em todas as criaturas humanas, em face da herança ancestral que em cada uma permanece.

O mergulho do Espírito na sombra do corpo físico, em processo de elevação, embora diminua-lhe a capacidade de discernimento em torno dos valores reais da existência, não consegue obumbrar completamente o objetivo essencial para o qual encontra-se reencarnado na Terra.

À semelhança de relâmpagos em noite densa, reminiscências espirituais rompem as camadas da escuridão, apresentando a pujança de luz que o desperta para a recordação da origem de onde procede e da meta que lhe cumpre alcançar.

Imantado ao complexo carnal, ao impositivo das células e aos correspondentes órgãos que o compõem, temporariamente transforma-os na razão fundamental do existir, permitindo-se arrastar pelas sensações e emoções, escravizando-se-lhes, em detrimento das aspirações superiores da liberdade.

Somente, a pouco e pouco, mediante uma expressiva contribuição de sacrifício pessoal e de auto-iluminação, percebe que transita em um veículo impermanente, no qual tudo é transitório, no entanto, necessário, a fim de que o Cristo interno *possa expandir-se, possuindo-o integralmente.*

Desde os primórdios do Cristianismo, essa questão tem sido estudada em profundidade, especialmente pelos Pais da Igreja Primitiva, dentre os quais, Clemente que, na gnose, procurou encontrar a fonte de todo conhecimento, por cujo meio seria possível a identificação do ser humano com o UNO, transformando a existência física no motivo exclusivo desse objetivo.

Como era natural, alguns defensores da tese, por excesso de dedicação à gnose, deixaram uma idéia pessimista sobre a existência física, estimulando o Apóstolo Paulo a pronunciar-se de forma enfática: A gnose infla, a caridade edifica (II Cor., 8:1), *havendo Santo Ireneu elucidado que não há razão para atribuir-se uma postura paulina contrária, pois que, nela não se encontra um ataque à* verdadeira gnose de Deus... *porque* alguns, sob pretexto de gnose, faltavam ao amor de Deus, *que se expressa mediante a ação da caridade. Essa caridade é, sem dúvida, a conseqüência inevitável do conhecimento em torno da Realidade, superando a temporalidade terrena.*

O conhecimento da Verdade liberta o ser humano das ilusões e impulsiona-o ao crescimento espiritual, multiplicando-lhe as motivações em favor da auto-iluminação, graças à qual torna-se-lhe mais fácil a ascensão aos páramos celestes.

Nada obstante, porque transitando na impermanência corporal, o Espírito tem o dever de atender aos impositivos humanos e sociais, superando as heranças antropossociopsicológicas perturbadoras, que dizem respeito ao seu processo de desenvolvimento através dos milênios.

A imortalidade, no entanto, viceja dominadora, inevitável, seja quando se deambula pelo corpo físico ou quando dele se está liberado, pois que é a realidade de onde se procede e para onde se ruma, etapa a etapa, por meio das reencarnações.

Esse desiderato é conseguido através de esforços que se prolongam objetivando a superação dos impedimentos naturais que se apresentam pelo caminho elegido.

Obstáculos surgem, portanto, normais, mantendo a perspectiva da impermanência que exige superação, a fim de ser conscientizada essa imortalidade como essência da vida.

Em hebraico, Satã não significa apenas Satanás, Espírito diabólico. Shâtan *ou* Satân *é considerado como o* acusador, o tentador (o demônio), o obstáculo. *Esse obstáculo pode apresentar-se como tentação, acusação, perturbação espiritual, dificuldade de qualquer porte, especialmente quando se abraça um ideal de elevação moral.*

Numa experiência de impermanências objetivando o encontro com a Permanência, é compreensível que os obstáculos surjam e multipliquem-se numa contínua conspiração contra a meta estabelecida – a consciência da própria imortalidade.

Investir os valores da inteligência e do sentimento na conquista de si mesmo, trabalhando as anfractuosidades do caráter, que impedem a harmonia do conjunto moral-espiritual e os desafios da evolução, deve ser a decisão de todo aquele que desperta para o compromisso com a felicidade que anela conseguir.

Revivendo a doutrina dos Pais da Igreja Cristã Primitiva que ressumava os ensinamentos de Jesus e as propostas audaciosas dos Apóstolos, especialmente Pedro e Paulo, o Espiritismo hoje proporciona a compreensão perfeita de uma gnose destituída de qualquer rito iniciático, decorrente do conhecimento e da reflexão, a fim de ser alcançada a metanóia, ocorrendo, por conseqüência, a identificação entre o Cristo interno *e o Ser espiritual.*

As páginas que oferecemos ao caro amigo Leitor têm como objetivo contribuir, de alguma forma, em favor da análise em torno da impermanência física e da imortalidade, na qual todos nos encontramos mergulhados.

Nada oferecem de original, que já não haja sido escrito ou comentado.

São reflexões pessoais que vimos fazendo do lado de cá, *em confronto com as experiências da caminhada terrena, na qual se encontram os companheiros de jornada evolutiva.*

Desejamos, sinceramente, que possam contribuir para despertar alguém que se encontre adormecido ou que, já desperto, venha postergando o momento de maior integração com os excelentes valores da Vida.

Afirmou com muita propriedade o teólogo e filósofo alemão Graf Dürkheim a necessidade de ser identificada a Transcendência imanente, *desde que estando presente no ser humano, o mesmo não a identificou, tornando-se-lhe imperioso viajar para dentro, autodescobrir-se, alcançar o numinoso segundo o conceito de Rudolf Otto, com* aniquilamento *apenas do ego, no momento do encontro com o* Cristo interno.

Carlos Juliano Torres Pastorino

Salvador, 24 de dezembro, Natal de 2003.

Tempo, Mente e Ação

"No *princípio... A Terra era vazia e havia trevas sobre a face do abismo."* (Gênesis, 1:1-2)... e Deus iniciou a Sua Obra, mais grandiosa do que aquela que conhecemos...

Por mais que a inteligência humana recue na busca desse *princípio*, o primeiro momento desaparece no tempo e no espaço, sem que qualquer concepção possa apresentar um limite, perdendo-se, no infinito, que dimensiona a humana ignorância a respeito da Causalidade Absoluta.

Desde que, *no princípio,* torna-se o ponto de partida para o tempo, que haveria antes, se é que havia? Da mesma forma, assomam, à mente, as propostas evangélicas, quando se referem ao *até o fim dos tempos,* (I Pedro, 1:20) ensejando margem a novas inquirições a respeito do que ocorrerá depois, se ocorrer...

Mesmo que se aprofunde ao máximo a inteligência, através do conhecimento, na decifração da incógnita do tempo, mais complexos se tornam os fenômenos que através dele se manifestam e podem ser observados.

Desta forma, a única dimensão descomprometida para elucidá-la é a tácita aceitação da Eternidade, abrangendo o ilimitado e o relativo, o *antes* não existido e o *depois* que não existirá.

O tempo, no entanto, somente se torna realidade por causa da mente, que se apresenta como o sujeito, o observador, o Eu que se detém a considerar o objeto, o observado, o fenômeno.

Esse tempo indimensional é o real, o verdadeiro, existente em todas as épocas, mesmo antes do *princípio* e depois do *fim*.

Aquele que determina as ocorrências, que mede, estabelecendo metas e dimensões, é o relativo, o ilusório, que define fases e períodos denominados ontem, hoje e amanhã, através dos quais a vida se expressa nos círculos terrenos e na visão lógica – humana – do Universo.

A mente relaciona manifestações que decorrem, no Sistema Solar, dos movimentos de translação e de rotação da Terra, limitando os espaços que passam pelo crivo das convenções estabelecidas e tornadas realidades, sempre porém, aparentes, porque em caráter relativo e não em acontecimento – fenômeno – absoluto.

Não obstante, mesmo na estabelecida raia, a variação de conteúdos demonstra que somente o real existe, sendo o conceptual uma criação-limite necessária para a mente de cada indivíduo.

Esse organograma de fases torna-se uma necessidade para o processo samsárico, a infinita roda das reencarnações. Face ao impositivo da consciência que estabelece as marcas temporais, o conceito do hoje assume a condição do que se pensa, do que se faz e do que se aspira. É resultado inevitável do já realizado – passado – promovendo a construção do que se realizará – futuro.

Se, por exemplo, alguém, num grupo, observar qualquer ocorrência, esta passa a ter existência conforme o grau de emoção do envolvido, o seu discernimento intelectual, a sua capacidade de identificação com o fato, a sua óptica existencial. Cada um, portanto, daqueles que assistiram o acontecimento, experiencia uma vivência que difere, às vezes, diametralmente do que o outro captou.

Esse fenômeno é observável nos testemunhos apresentados por pessoas que estiveram presentes e acompanharam o desfecho de algum crime ou irregularidade. Mesmo quando honestas, os seus enfoques provocam perturbação nos jurados, que ficam impossibilitados de discernir o real do imaginário, exigindo a habilidade dos advogados, quer de defesa, quer de acusação – a promotoria especialmente – para que seja estabelecida a verdade, sempre relativa e raramente legítima em torno do acontecido.

Aquele agora do fato, logo depois se arquivou na memória do passado, que será ressumado no futuro, quando um novo presente se imponha como condição de justiça para a regularização penal necessária.

A mente, portanto, que pensa, estabelece que o ato em que se fixa é o presente, no entanto, na celeridade do tempo em si mesmo – sem movimento, sem pressa nem vagar – à medida que elabora ou conceitua cada percepção estabelecida torna-se passado, e enquanto desenvolve a reflexão avança pelo futuro afora.

Viajar no permanente agora, integrando-se nas experiências que defluem das ações – pensamentos condensados em atitudes – enriquece o ser humano com a sabedoria, avançando no rumo da perfeição.

Terá limite essa conquista? Certamente, que não, porquanto, se o houvesse, delinearia a borda de uma espiral cada vez mais ampla em um novo ciclo do processo da evolução.

O tempo terrestre, limitado, para facultar o entendimento do campo da sua infinitude, somente poderá ser experienciado através da oração e da meditação. A primeira, auxilia a romper-se o círculo dos pensamentos, nos quais a mente se movimenta, concedendo o êxtase, a anulação do tempo e o desaparecimento do espaço, propiciando outra dimensão emocional. A segunda, faculta a ruptura da barreira que dimensiona e encarcera, em cujo bojo uma experiência sucede à outra, dando curso ao mecanismo das medidas. No mergulho de seu campo de vibrações, fora do tempo terrestre, o Espírito – não mais o eu superficial – volve ao seu mundo de origem e participa da vida em sua plenitude, sem a prisão das sensações, nem os tormentos da emoção linear.

Essa penetração profunda nas esferas do tempo real é conseqüência da conquista vertical da experiência que se transformará em ação, ao invés da horizontal dos atos que se sucedem indefinidamente...

Esse tempo real é o oceano infinito onde o Universo, em fases e períodos, repete as suas manifestações cósmicas. Ciclicamente, os fenômenos ressurgem e se imortalizam no triunfo do Espírito que foi *criado simples e ignorante*, aformoseando-se, agigantando-se, mediante o esforço e o trabalho edificante, iluminando-se com a sabedoria.

Eis definida a necessidade da reencarnação, através de cuja *roda de samsara*, o ser emerge das formas pesadas e ala-se em dúlcidas vibrações de luz no rumo do Infinito. Enquanto persevera nas amarras do passado, que se transformam em cadeias de sofrimentos e de angústias no presente, necessita de deslindar-se caminhando para o futuro. Todos esses tempos porém, encontram-se num só período de tempo denominado hoje, que lhe constitui a oportunidade incomparável de sair das repetições dos comportamentos afligentes.

Fadado à plenitude, o Espírito alça-se ao infinito, etapa a etapa, mediante as conquistas de amor e de sacrifício que o dominarão ao largo das vivências de sublimação.

Esse empenho libertador auxilia-o na busca do *Nirvana,* do *Reino dos Céus,* da *Espiritualidade Superior,* onde o tempo e o espaço se encontram no infinito da realidade por enquanto desconhecida. Somente através desse processo é que se desenvolverá o *Cristo Interno*, a *Divina Chispa,* a *Semente Sublime*, o *Deus interior,* que predomina em germe no cerne de todos os seres humanos.

A mente, inquieta e insegura, gerando conflitos por tendência tormentosa, herança atávica dos períodos de transição pelos quais passou, engendra astutos – instintivos – mecanismos de fuga da realidade – do tempo legítimo – para a fantasia, a ilusão, o medo, a incerteza que atira na sucessão da dimensão limitada, estabelecendo sofrimentos nos quais se compraz...

Este relativo fenômeno do tempo hoje, constitui a ensancha para a aprendizagem da ação profunda mediante a vivência em que se transforma a imagem do pensamento.

No começo, passo a passo, avança pelo tempo relativo, o ontem fundindo-se no hoje e este fazendo-se o amanhã que está chegando.

Mediante a legítima reflexão, além da mente que raciocina horizontalmente a+b=ab, saltando-se para a conexão tempo-espaço infinito, viver-se-á um hoje contínuo, que não se transfere para o futuro nem recua para o passado nele embutido, trabalhando em favor do estado de paz permanente.

Mui comumente se afirma que o tempo no prazer, na alegria, na felicidade é sempre rápido, enquanto que durante a expectativa de algo, no sofrimento, no testemunho, na angústia é sempre muito demorado, não obstante seja a mesma a carga de segundos em que transcorrem ambos os estados emocionais. Certamente, a dimensão horária funcionará no ser biológico, assim como no psicológico, na mente condicionada, desgastando o corpo que se consumirá, pela inevitável transformação molecular na sepultura ou na incineração, liberando, porém, o Espírito, para que prossiga a experiência de eternidade em que se iniciou, desde o seu nascimento, mas que nunca se extinguirá...

Corpo e mente

Convencionou-se estabelecer uma dualidade no ser humano, constituída por corpo e mente ou matéria e Espírito, cada qual integrada na sua própria textura, como se fossem diferentes na sua origem e não somente na sua exterioridade ou apresentação.

Modernos físicos quânticos, médicos oncologistas e estudiosos da realidade do ser resolveram estabelecer uma correlação tão profunda entre ambos, que optaram por definir esse conjunto que deve funcionar em perfeita harmonia, como sendo uma *somassignificação*. A tese pretende explicar o prosseguimento de uma na outra, confundindo-se de tal forma que se torna difícil uma distinção formal conforme anteriormente se propunha.

A mente age de maneira vigorosa sobre o corpo, produzindo sensações e sentimentos, enquanto que este influencia poderosamente as emoções e o pensamento, tornando-se poderosa fonte de informações.

A identificação dos impulsos mentais e sua interferência no comportamento físico, faculta ao indivíduo a real integração de ambos os elementos, cada um desvelando a sua realidade, numa intercomunicação consciente promotora de harmonia e, portanto, de felicidade.

Enquanto não se consegue esse equilibrado relacionamento, experienciam-se apenas as sensações físicas sem qualquer significado de satisfação e de bem-estar. O gozo predomina na superfície do comportamento e os resultados se apresentam como ansiedade por novos prazeres, frustração por não os haver fruído conforme se desejava, permanecendo-se em febre de desejos, que dificilmente se torna satisfação, quando não se manifesta posteriormente como tédio e permanente mal-estar.

Não se pode viver plenamente, localizando-se apenas no elevado patamar da mente sem as conseqüências emocionais dos sentimentos, que se esparzem do *coração* tornando-o ameno e pacificado, sem distonias nem disfunções de outra natureza.

O ser humano é um feixe de emoções, no seu complexo fisiológico, cada vez mais sensível à medida que evolui e adquire mais amplas e profundas percepções, especialmente aquelas que vão além dos sentidos físicos, das manifestações sensoriais.

De igual maneira, a vida perde a sua significação quando o ser estagia no primarismo do corpo e das suas funções automatistas, sem os reflexos benéficos das satisfações de profundidade, aquelas que fazem o ser estremecer de alegria e de emoção, auxiliando-o na preservação dos seus ideais de equilíbrio.

Pensar-se na possibilidade de vivenciar-se apenas uma área, seria o mesmo que anular-se emocionalmente para manter o corpo somente através de alimentação imprópria quão incompleta, como se fossem sobremesas sem o repasto que é básico.

Comandando as funções do corpo, a mente estabelece os parâmetros que devem ser atendidos, de forma que não haja exorbitância de funções nem desgastes das energias que podem ser canalizadas para outros misteres, inclusive para melhorar a própria qualidade de vida.

Por isso, faz-se necessário perscrutar-se as causas, as origens das ocorrências, a fim de atender-se aos fenômenos de maneira correta e não como se tornou habitual, cuidando-se apenas das conseqüências, aquelas que se exteriorizam através dos sentidos físicos.

Nenhum prazer de superfície é duradouro, pela sua própria maneira de expressar-se, logo cedendo lugar a novos anseios que fazem parte da busca e da necessidade de contínuos deleites.

Nesse compreender das legítimas necessidades o ser humano deve mergulhar na meditação, procurando as respostas para as interrogações da sua incompletude, orientação para uma existência enriquecida de conhecimentos, mas também de experiências apaziguadoras.

O relaxamento das tensões, constitui necessidade central, iniciando-se pelo repouso físico, prosseguindo através da recomposição das forças em agitação, facultando a correta irrigação do sangue, sem contrações musculares nem distensões do automatismo fisiológico resultantes dos hábitos insalubres que se fixaram no organismo.

Através do silêncio da mente, que se irá aquietando conforme os pensamentos desenfreados forem sendo eliminados, cedendo lugar a apenas um, que se fixará suavemente nos tecidos sutis da cerebração, o refazimento orgânico e emocional acontece espontaneamente, ensejando renovação interior, motivações novas para avançar na conquista de mais expressivos valores espirituais.

O ser sensorial alcança então o patamar do Espírito que é, passando a captar outros conteúdos em torno da existência humana, assim ampliando a capacidade de sentir e de amar.

Identifica de imediato o amor como sendo a fonte inexaurível de bênçãos, e todo se aformoseia de mais sutis significados, passando à autovalorização, sem as esdrúxulas exterioridades do personalismo, do narcisismo, do egoísmo, que aprenderá a diluir e superar por completo.

Todos os tormentos, problemas, dificuldades, têm existência na mente e somente nela podem ser equacionados, quando naturalmente considerados e, um a um estudados, procurando-se respostas naturais e soluções normais para a equação de todos, o que ocorre em clima de esforço pessoal e reflexão interior. Não há porque buscar-se uma libertação através da força ou da ignorância da sua presença, o que irá postergar o trabalho que há de ser feito, enquanto mais se fortalecem e afligem. O amadurecimento psicológico, portanto, emocional, propicia os recursos hábeis para o seu êxito.

A mente, em razão da captação do mundo externo, cujas mensagens ficam arquivadas, ora no subconsciente, momentos outros no inconsciente profundo, conforme o conteúdo de que se constituem transforma diversas dessas informações em verdadeiros fantasmas que atemorizam o indivíduo, terminando por levá-lo à desesperação. Quanto mais ele busca fugir dessas presenças, utilizando-se de mecanismos escapistas, mais se aturde, porquanto ignorar um problema de forma alguma o soluciona ou evita-o. A única maneira de vencê-lo é através do enfrentamento, da batalha inevitável que ocorre no campo mental, interiormente, substituindo tudo quanto é inquietante pelo seu correspondente oposto, tranqüilizador, pacificante...

É natural que muitas das necessidades da mente se traduzam através dos fenômenos orgânicos, produzindo sensações, quando primários, depois emoções, quando mais sutis e, por fim, espirituais, quando constituídos de sentido eterno, de significações transcendentes.

O corpo é veículo, portanto, das propostas psíquicas, porém, por sua vez, muitas necessidades que dizem respeito à constituição orgânica refletem-se no campo mental.

Nos transtornos psicopatológicos manifestam-se torpes somatizações, que decorrem da ansiedade, do estresse, do medo, do ciúme, do ódio, do ressentimento, que constituídos por emoções perturbadoras, provenientes de estados mentais insatisfatórios e primários, refletem-se no corpo físico em forma de ulcerações, distúrbios gastrointestinais, tumores e, normalmente, afetando o sistema imunológico, assim facultando campo para a instalação de processos infecciosos, degenerativos...

De outra maneira, afecções e infecções orgânicas, em razão das toxinas que produzem nos tecidos da aparelhagem fisiológica, igualmente atingem a emoção, produzindo transtornos psicológicos, como depressão, distúrbio do pânico, às vezes atingindo também a mente e empurrando a criatura para distúrbios psicóticos mais graves como a esquizofrenia, o autismo...

É inegável que esses processos, sejam orgânicos ou emocionais, hábitos morais e cultivo de pensamentos que se instalam, transferem-se de uma para outra existência, gerando os efeitos saudáveis ou danosos que decorrem da sua procedência.

Quase sempre o indivíduo experimenta um sentimento que difere da sua proposta mental e isso responde por distonias que se agravam, transformando-se em problemas. Quando entenda que deve viger a harmonia entre o que pensa e o que sente, ou vice-versa, de forma que o enfrentamento existencial seja sempre feito pelos equipamentos mentais, haverá ressonância na constituição emocional. Em decorrência a mente e o coração estarão funcionando em perfeito equilíbrio.

A meditação, a reflexão profunda em torno dessa harmonia contribuirão eficazmente para a preservação da identidade e da realidade pessoal.

Jesus asseverou com propriedade: *Bem-aventurados os limpos de coração, porque eles verão a Deus,* conforme anotou Mateus, na capítulo V, versículo 8 do seu Evangelho.

Ter *limpo* o coração, significa possuí-lo impecável (*impeccabili)*, sem qualquer pecado ou mancha, tormento ou ansiedade.

Cada vez se torna mais imperioso diminuir-se o ritmo desnecessário da agitação a que o ser humano se entrega, procurando reunir mais do que pode abraçar, na ansiosa busca das *coisas-sem-valor* a que atribui significado, esquecendo-se de si mesmo, o ser profundo e real que é, sempre perdido na periferia das sensações e dos interesses. Surpreendido pelas enfermidades, pelo que se convencionou denominar como dissabor, infortúnio, descobre-se vazio de recursos que o possam auxiliar na conjuntura que lhe parece imerecida ou exagerada para as suas débeis forças.

Não se havendo preparado para os acontecimentos previsíveis, porquanto a existência terrestre é feita de procedimentos de variada significação e não apenas de alegrias e venturas para uns em detrimento de outros que estorcegam nas amarras dos sofrimentos insuportáveis, é sempre surpreendido por situações embaraçosas.

Todos os arquivos do Espírito são decodificados pela mente que os envia ao corpo físico, de forma que o inter-relacionamento se faz constante, vitalizador e permanente.

A qualidade das mensagens, sim, pertence a cada qual, que deverá saber selecionar aquelas que proporcionam satisfação e plenitude, superando aqueloutras de sentido dúbio, perturbador, persistente, vicioso, que procedem dos atos infelizes do pretérito próximo ou recuado.

A verdade é que todos se encontram em processo de depuração e o corpo é instrumento da aprendizagem do Espírito, que o necessita para aprimorar as virtudes e também para desenvolver o *Cristo interno*, que governará soberano a vida quando superar os impedimentos colocados pelas paixões desgastantes e primitivas. Essa consciência vitaliza o Espírito, que se aformoseia, elegendo a beleza, a arte, a fé religiosa racional e libertadora, a vida em todas as suas expressões que passa a receber o seu contributo de amor, assim rumando para a felicidade, o *reino dos céus*, que logo se lhe instala no coração e passa a sentir durante o próprio transcurso existencial.

A mente alerta

Quando reencarnado, o Espírito experimenta grande dificuldade em manter-se com a mente alerta aos acontecimentos que têm lugar a sua volta. Uma espécie de névoa envolvente aturde-o, em decorrência da predominância dos fluidos carnais sobre as energias vivas que dele emanam.

Não poucas vezes, o torpor e o amolentamento dominam-no, ou o tédio, a ansiedade, a insatisfação perturbam-no, porque esses *vapores morbosos* impedem-lhe a lucidez e o discernimento necessários para a vigilância, a consciência de si mesmo.

Impossibilitado de compreender o que lhe sucede, em face da sobrecarga de resíduos emocionais que o perispírito conduz das experiências infelizes de outras existências, é conduzido aos métodos da adaptação, da educação, da aquisição dos valores terrenos, conforme o estágio da evolução em que se encontra.

A contínua adição de informações que registra na memória, algumas das quais nunca serão reativadas, afasta-o da interiorização que lhe permitiria maior clareza em torno das próprias necessitadas, aquelas que são reais e não as imaginárias, as condicionadas pelas circunstâncias e pela cultura vigente.

Esse método de aprendizado e de conhecimento impede-lhe estar alerta para perceber o que realmente é importante, em relação a tudo quanto se faz útil no sentido de imediatamente proveitoso, conforme os padrões sociais e os impositivos existenciais.

Cercado pelo excesso de coisas sem significado legítimo, que funcionam como distrações, sente dificuldade em renunciar aos objetivos materiais, em superar os domínios do ego, em crescer emocionalmente de forma a atingir o amor e a compaixão com os quais poderá vivenciar a paz interna e compensadora.

Atraído para fora das províncias eternas e transpessoais de onde procede e para onde retornará, perde-se, muitas vezes, em lutas lamentáveis, nas quais, mesmo quando alcança a vitória, apresenta-se como aquela que celebrizou Pirro.

O investimento, portanto, mais significativo deve ser o de manter-se com a mente aberta para os fenômenos e suas causas, os acontecimentos e as suas origens, equipando-se de harmonia para, em qualquer circunstância, perseverar em tranqüilidade, sem pressa nem atraso de ação.

Essa atitude torna-se fundamental, porque contribui para o êxito da existência física, que se consome à medida que se desdobra, eliminando os medos das doenças, dos infortúnios, da morte. Identificado com a transitoriedade do invólucro corporal e lúcido quanto à sua realidade imortal, exercita-se na compreensão de todas ocorrências, sempre retirando os melhores resultados, aqueles que lhe podem propiciar crescimento íntimo e libertação de apegos, esses que agrilhoam à matéria, às paixões doentias.

Consciente de que a enfermidade é fenômeno biológico inevitável, com a mente alerta recebe-a com tranqüilidade, antecipando-se à ocorrência da morte que virá, enriquecido de serenidade, sem ressentimento para com a vida, sem amargura ante a perspectiva do fato que sucederá. Em harmonia interior avança para o *consumatus*, que não atinge o ser real.

Para manter a mente alerta, faz-se indispensável o hábito da meditação, que não tem o caráter de negação, de anulação, mas de atenção em relação a tudo quanto lhe diz respeito, de observação sincera, sem culpa, sem punição, sem inquietação. Não tem como objetivo a racionalização do que ocorre com ele ou em torno de si. Tudo irá depender do nível de meditação pelo qual se opte: se para adquirir paz momentânea, se para a saúde, se tem caráter de modismo, se é caracterizada como divertimento ou se tem o propósito profundo da busca da realidade.

Seja porém, em qual mecanismo se estruture, é sempre valiosa, especialmente se tem por meta a iluminação, o despertar da mente para o encontro com o *Cristo interno*. Todavia, torna-se muito mais significativa, quando se a pratica regularmente, gerando hábito saudável de observar de dentro para fora, sem julgamento nem condenação, analisando o melhor processo de enriquecimento espiritual.

Assim fazendo, o Espírito apazigua-se, sintoniza melhor com o mundo que o cerca, adquire consciência em relação a si mesmo, ao seu próximo, a Deus e ao Universo onde se encontra situado.

Nesse exercício de manter a mente alerta, algumas transformações emocionais dão-se naturalmente, alterando o comportamento pessoal e as atitudes sociais. A pressa, tão característica dos dias tumultuados que vive na Terra, cede lugar à tranqüilidade, porque passa a ser dono de todo o tempo possível, em razão da ordem que aplica a todas as ações, agindo com mansidão e compaixão, com amor e caridade em todos os sentidos, não se atropelando, nem perturbando aos demais com quem convive. A sua fala torna-se mansa, os seus gestos ordenados, os seus movimentos seguros e equilibrados, não se afadigando porque nada carrega no sentimento que lhe constitua fardo afligente ou conflito não resolvido.

A mente alerta descobre os limites que estão dominando a existência e encontra as soluções adequadas para ampliá-los, identificando as maneiras mais exequíveis para diluir as heranças perturbadoras dos atos infelizes que se lhe imprimiram no *corpo sutil da alma*.

O intelecto brilhante não impede a bondade espontânea, mesmo quando racionalmente devesse optar por uma atitude diferente da pacífica, não dando campo a que vicejem agressões nem perturbações. Inevitavelmente vive-se no mundo que se construiu pelas atitudes egoístas que ainda permanecem dominadoras, tornando-se improvável impedir que as demais pessoas sejam conforme se encontram. O importante é compreendê-las, dando-lhes o direito de prosseguir de acordo com os seus padrões emocionais e espirituais, ajudando-as com a tolerância e o perdão, quando agressivas, violentas, insensatas, inseguras... O discernimento da mente alerta elucida que já passou pelas mesmas vias que outros agora percorrem, e que o próprio crescimento tem sido resultado de experiências multifárias de erros e acertos, especialmente de retificações dos equívocos.

A mente alerta está sempre calma, mesmo quando acontecem tragédias, conforme ensina a tradição budista que, se numa tempestade que ameaça um barco navegando com vários passageiros, todos se desesperarem buscando a salvação pessoal, o desastre torna-se inevitável. Entretanto, se apenas um permanece calmo e coopera para a manutenção da paz e da confiança, os demais se lhe acercam e deixam-se conduzir, evitando-se o desastre que parecia tragar-lhes as existências.

Bem examinada a questão, pode-se deduzir que o Planeta terrestre é o grande barco navegando no Cosmo, sacudido, a cada instante, pelas tempestades morais dos seus habitantes, que lhe parecem ameaçar o equilíbrio, a todos arrastando na direção de calamidades inomináveis.

Por esta razão, periodicamente missionários e mestres incomuns mergulharam no corpo com a mente alerta, a fim de ensinarem comportamento de calma e de compaixão, de amor e de misericórdia, reunindo os aflitos em sua volta e os orientando para sobreviverem às borrascas sucessivas que prosseguem ameaçadoras.

Suas lições de incomparável beleza e profundidade moral têm libertado milhões de seres que se encontravam agrilhoados às paixões primárias e puderam superá-las, entregando-se-lhes em caráter de totalidade. Somente mesmo por meio de uma decisão de tal natureza – a submissão e doação da vida – é que o Espírito consegue consumar o objetivo da busca evolutiva.

Em um grande número já se encontra em germe a presença da aspiração, em face das experiências iluminativas que ficaram interrompidas e agora fornecem o combustível de sustentação para o desiderato, tornando-se mais fácil a ascensão às cumeadas do progresso.

Outros, entretanto, ainda renteiam com os impositivos materiais, vinculados aos fenômenos perturbadores das glórias efêmeras e dos prazeres rápidos, não se sentindo fortalecidos para o enfrentamento quando a sede de gozo os agride...

O exemplo desses expoentes do amor, nesse momento, constitui-lhes fortalecimento e coragem para não desfalecerem ou postergarem o momento da sublimação.

Jesus é o exemplo máximo dessa entrega a Deus, lição viva e incorruptível de amor em relação à Humanidade.

Mergulhou no corpo físico e dominou-o totalmente com o Seu pensamento, utilizando-o para exemplificar o poder de Deus em relação a todas as criaturas, tornando-se-Lhe o Médium por excelência, na condição de Cristo que O conduziu e O inspirava em todos os pensamentos e atos.

Sempre com a mente alerta às falaciosas condutas farisaicas e às circunstâncias difíceis que enfrentava, manteve-se sempre carinhoso com as massas e os poderosos, sem manter-se melífluo ou piegas com os infelizes ou subalterno e submisso aos dominadores de um dia...

Profundo conhecedor da natureza humana sabia acioná-la, despertando os sentimentos mais profundos e comandando os pensamentos no rumo do excelso Bem.

Vencedor da morte, que O não assustava, é o exemplo máximo de vida eterna, concitando-nos a todos a seguir-Lhe as pegadas.

A mente alerta conhece o fenômeno biológico da morte e não se atemoriza, porque o contempla como oportunidade de libertação, antegozando o prazer de liberar-se das injunções perturbadoras.

Enquanto aquele que permanece adormecido nos tóxicos que emanam das fixações orgânicas, o medo da desencarnação se torna cada vez mais atordoante à medida que o tempo passa e se torna mais próxima a liberação dos despojos. Da vida não possuindo senão idéias equivocadas, tudo quanto se lhe apresente em termos de *desconhecido,* de *espiritual,* causa-lhe pavor, em considerando as incertezas a que se aferra.

O despertar para a imortalidade é-lhe então doloroso, não desejado, assinalado pelo fatalismo da evolução, sem consciência do acontecimento, permanecendo ainda na ilusória situação de existência orgânica...

A vida perene, atraente e rica de plenitude sucede à temporalidade dos objetivos terrenos, que cedem lugar à conquista da realidade.

Os nautas da imortalidade, viajantes da Vida, mantêm-se com a mente alerta para todas as ocorrências, especialmente quando o corpo cede lugar ao processo de transformações moleculares, propiciando o encontro com o Seu *Deus interior*.

Mente e doenças

A interação mente e corpo físico é indiscutível, porquanto todos os fenômenos orgânicos são resultados das operações dela resultantes. Mesmo aqueles automatistas estão centrados nas suas sedes geradoras.

Os processos mentais ocorrem mediante induções do Espírito através de ondas específicas, agindo sobre a grande rede neuronial que se encarrega de decodificá-las, tornando-as acessíveis à manifestação emocional, intelectual, verbalizando ou não os seus significados...

Alguns modernos neurofisiologistas, fascinados pelas conquistas dos equipamentos virtuais e da sua multiplicidade de realizações, tentaram definir o cérebro, onde se originaria a mente, como sendo um computador. De início, a proposta encontrou ressonância favorável entre outros pesquisadores, em se considerando as possibilidades infinitas de que é portador este notável instrumento da Informática. Aprofundadas, porém, as reflexões, concluiu-se que, nada obstante a sua inegável capacidade de respostas, de armazenamento de dados, de conexões e de elaborações, foi produzido pela mente, enquanto não se tendo autoproduzido, não logrou igualmente elaborar a estrutura da mente, o que tem facultado a outros estudiosos da área dizerem que a comparação é muito pobre de conteúdo, por sua incapacidade de realmente produzi-la ou mesmo entendê-la em sua profundidade.

O computador necessita possuir os dados registrados antecipadamente a fim de poder operar, processando somente símbolos, sem ter idéia do seu significado, enquanto a mente propicia a capacidade de concepção e interpretação global, pensante, de todas as coisas, acompanhada de conteúdos emocionais que expressam os vários aspectos da realidade. Esse poder de ensejar visão nova e constante da realidade altera nosso comportamento e nossa existência, em face das modificações que sofre com o amadurecimento psicológico, as experiências vivenciais, a comunicação pessoal.

Assim considerando, a mente é capaz de elaborar processos dinâmicos que influenciam a saúde, preservando-a ou agredindo-a, de igual maneira trabalhando a estrutura emocional e comportamental da criatura humana.

Faculdade exclusiva do homem e da mulher a mente, que processa informações e as exterioriza, comandando as aspirações que caracterizam cada nível de consciência em que estagia o ser, encarrega-se de proporcionar-lhe alegria de viver ou gera distúrbios variados que se expressam como doenças, resultantes não só dos processos cármicos que procedem de outras existências como também de vivências atuais e passadas próximas...

Quando as doenças se encontram ínsitas no perispírito, que as *imprime* na organização física, na emocional ou na psíquica, a mente ainda aí desempenha um papel relevante, porquanto, compreendendo a ocorrência poderá modificar-lhe a manifestação mediante a resignação dinâmica, isto é, a aceitação da ocorrência com ação dignificadora, a fim de erradicar-lhe a causa, corrigindo-a ou superando-a. Igualmente, através do amor será possível alteração do quadro patológico, desde que não vitalizado pelo desconserto emocional, recebe ondas de teor edificante, criando condições propiciatórias para a instalação da saúde.

Por ser criativa, a mente interfere em todos os processos existenciais, em face da sua capacidade de gerar novas informações e produzir conteúdos sempre novos, ou deter-se nos clichês ancestrais que lhe impedem o desenvolvimento, a ampliação de campo para poder manifestar-se.

Graças aos avanços da Medicina em todas as áreas, especialmente no campo cirúrgico, a mente pode aspirar pelo prolongamento da existência orgânica, o que é perfeitamente normal e válido, ou modificar a estrutura física do corpo em que se expressa.

Não padecem dúvidas que os resultados são positivos, dependendo porém de muitos fatores, entre os quais, os emocionais e os cármicos que têm predominância no conjunto da interação mente-corpo.

Quando se tratam esses problemas, anomalias e deformidades, que podem ser corrigidas cirurgicamente, mas que fazem parte do mapa evolutivo de cada indivíduo, resultado inevitável do uso a que entregou a aparelhagem física em reencarnação transata, podem advir efeitos positivos imediatos, que todavia cederão lugar a novos sofrimentos, porque as matrizes desencadeadoras dos processos patológicos, no perispírito, não foram removidos. Tanto podem apresentar-se em próximo tempo como em futura reencarnação, desde que ninguém consegue driblar as Soberanas Leis.

Os avanços da Ciência em qualquer campo se propõem a dignificar a criatura, e não a comprometê-la tornando-a venal, auxiliando-a na leviandade em torno de ações morais cujos efeitos podem ser evitados através dos mecanismos do conhecimento tecnológico, científico ou outros...

A criatura, portanto, através da mente, é dotada de grande possibilidade para gerar doenças ou não, conforme os seus padrões interiores de pensamentos e aspirações. Quando há predominância de sentimentos venais, de angústias e anseios de vingança, de ódio e ciúme, sem dúvida o câncer, as cardiopatias, a depressão e outras enfermidades encontram campo vibratório para manifestar-se, prosseguindo sustentadas pelas emissões contínuas de mau humor e de ressentimento.

Analogamente, quando há uma contínua geração de otimismo, de esperança, de alegria de viver mesmo que sob injunções algo penosas, de amar, de orar, todo esse arsenal de emoções age em forma de estímulos saudáveis no sistema nervoso central que o irradia para todas as células, através do sistema endocrinológico e do imunológico, dando surgimento ou continuidade à saúde, ao bem-estar, à felicidade...

A doença tem igualmente um significado emocional muito grande e útil, qual seja o de despertar o paciente para situações irregulares que vigem no seu comportamento ou que se encontram latentes no seu mundo íntimo, desencadeando os fenômenos perturbadores. Ela é a comunicação de que algo desconsertante vem ocorrendo e necessita de reparo urgente. Eis porque, não apenas a terapia convencional, acadêmica, tradicional, mas também, em caráter complementar, que é fundamental, a de natureza espiritual, por meio de reflexões saudáveis, de novos compromissos com a vida, de estruturação dos objetivos elevados para a existência, da convivência com leituras produtivas de emoções superiores, de realizações fraternas solidárias...

À mente é reservada a tarefa terapêutica de criar novos significados, graças a essa conduta renovada, para recompor a função orgânica em estado de desequilíbrio.

Quando o indivíduo se dá conta desse mecanismo absolutamente regular, descobre-se como ser imortal, constituído de elementos supramentais que, em síntese, constituem o Espírito.

O Espírito, pois, é a causa de todos os fenômenos que se manifestam na existência física, emocional e psíquica.

Viajor de incontáveis etapas no carreiro da evolução, armazena informações e experiências que são transferidas para os respectivos equipamentos fisiológicos – em cada reencarnação – produzindo tecidos e mecanismos resistentes ou não a determinados processos degenerativos, por cujo meio repara as condutas que se permitiram na experiência anterior.

Não é necessário que seja aquela imediatamente próxima, mas cujos valores se encontrem ínsitos na Lei Divina violada.

Cada corpo resulta de um complexo trabalho do Espírito que o molda, consciente ou inconscientemente, para atender as suas necessidades evolutivas, sendo, portanto, o efeito da realidade e não esta em si mesma.

Para que se consume esse mecanismo valioso o perispírito, na sua por enquanto inabordável constituição energética, sensível à mente encarnada ou não, registra, elabora e constrói a organização própria para a vilegiatura carnal, sendo responsável pelos implementos que podem contribuir para o sucesso da evolução de cada ser humano.

São esses mecanismos que sob a ação dos ideais interfere na mente quântica, estimulando o cérebro a gerar novas imagens, que irão facultar a saúde ou a doença.

É indispensável que um aprofundamento mental e emocional ocorra em torno do ser integral – Espírito, perispírito e matéria – a fim de que se possam organizar terapêuticas favoráveis à plenitude do ser, utilizando-se da interação mente-corpo, de modo que nova contribuição para a área da saúde se apresente viável e duradoura.

O conhecimento da realidade que se é favorece o descobrimento de recursos preciosos que alteram o comportamento, facultando novas conquistas que se inserem no ser em forma de valores abençoados para a sua felicidade.

Da mesma forma que o Espírito é o gerador das doenças, torna-se o criador da saúde, especialmente quando voltado para os compromissos que regem o Cosmo.

Desse modo, as lições terapêuticas apresentadas por Jesus, na singeleza do amor, do perdão, da humildade, proporcionam o descobrimento de forças que jazem adormecidas no ser, impulsionando-o para a ascensão, mediante a qual liberta-se da escravidão do sofrimento, das injunções penosas do processo evolutivo, passando a experienciar os processos da ventura plena.

Ninguém que se encontre no mundo sem os recursos indispensáveis à auto-iluminação, à conquista do país de si mesmo.

Necessário, porém, investir em esforço e continuado labor de renovação pessoal, superando as dificuldades iniciais, que se tornam sempre menores à medida que são ultrapassadas, porquanto a própria experiência de vivenciá-las oferece forças novas para os futuros empreendimentos.

A mente é usina poderosa que se encontra em ação permanente, mesmo quando o corpo se encontra adormecido, por sediar as mais elevadas expressões do ser espiritual, convertendo-se em dínamo gerador incessante, conforme a tônica dos pensamentos que sejam mantidos pelo agente eterno.

Nunca será demais enfatizar que a vida na Terra é sempre o efeito das estruturas profundas do ser espiritual e do mundo causal, que não podem ser postos à margem nas reflexões e estudos da vida e suas manifestações.

Cérebro e coração

A Cardioenergética, ciência que se vem firmando como resultado da observação de fatos e comportamentos humanos específicos, pretende que o coração é mais do que a bomba que impulsiona o sangue por todo o organismo.

Sendo o órgão fisiológico mais resistente que se conhece no ser pensante, porquanto começa a pulsar a partir do vigésimo quinto dia de vida do feto, continua em ação palpitando cem mil vezes diariamente, no que resultam quarenta milhões de vezes por ano, e quando cessa a vida se desorganiza, advindo a morte dos equipamentos orgânicos com a sua conseqüente degenerescência.

A pouco e pouco, alguns cientistas dão-se conta de que ele é portador de uma energia vital, que o mantém e o impulsiona ininterruptamente. Essa energia seria permutável, podendo ser intercambiada com outros indivíduos que se beneficiariam ou não, conforme o teor de que se constitua, positiva ou negativa, cálida ou fria, estimuladora ou indiferente.

Seguindo essa linha de raciocínio, estão concluindo que esse órgão é portador da faculdade de *pensar*, tornando afirmativa a tradicional *voz do coração* a que se referem poetas, escritores, artistas, amantes e... Jesus.

Em o Novo Testamento, Jesus alude ao coração como órgão de vida, superior à musculatura elástica pulsante, em vinte e seis capítulos, oferecendo informações mui peculiares como sejam, em Mateus 5:6, por exemplo: *Bem-aventurados os limpos de* coração, *porque eles verão a Deus,* ou em João, 10:1: *Não se turbe o vosso* coração...

Em todas citações, muitas vezes é repetido o texto *a dureza dos corações*, esclarecendo sobre as possibilidades mais significativas desse órgão mantenedor da vida física.

Nessas reflexões atuais, os estudiosos dessa doutrina pretendem convidar o indivíduo a cuidar também do seu coração utilizando-se de recursos amorosos e sutis que o mantenham, libertando-o da *ditadura* do cérebro que se desenvolveu através dos milênios, *indiferente* ao órgão mantenedor das suas neurocomunicações e preservador de todas demais conquistas logradas.

Para eles, o cérebro seria frio e calculista, depressivo e arrogante, embaraçando o indivíduo que se lhe entrega em caráter de totalidade, olvidando-se de escutar o coração que ama e que fala, muitas vezes discordando do seu *ditador*, oferecendo soluções afetuosas e esperança quando tudo indica falência e aniquilamento.

A admirável investigação traz de volta o dualismo da Ciência em torno da realidade da vida, apresentando as teses do *vitalismo* e do *mecanicismo*, este último mais aceito nas Academias e laboratórios de pesquisas.

Fundamentando as observações na exigência da análise material para tudo explicar e tentando demonstrar que todas as ocorrências fisiopsicológicas são resultantes do fatalismo biológico através dos automatismos da máquina, os mecanicistas têm desprezado a outra hipótese – a do *vitalismo* – por não encontrarem, afirmam, bases de sustentação que possam ser captadas, vistas, medidas e analisadas.

Fosse assim em todas as áreas, e se teria que negar as forças que vibram no Universo como o eletromagnetismo, a gravidade, a força nuclear forte e a força nuclear fraca, estas últimas ainda em complexas formulações teóricas.

Abdicassem, porém, esses estudiosos, um pouco mais da arrogância (do cérebro) e desarmados de preconceitos aceitassem a realidade indestrutível do ser que organiza o corpo de que se utiliza, verificariam que existe sim, uma energia mantenedora de todo o complexo orgânico, sem a qual o mesmo se transformaria em caos. É essa energia que dimana do perispírito, por sua vez captada do Espírito, que agrega as moléculas e átomos constitutivos das células, mantendo a harmonia dos diferentes órgãos e estimulando-os à execução dos misteres a que se destinam.

O fato de essa energia não poder ser medida nem vista em laboratórios, embora indivíduos equipados de mediunidade possam percebê-la, qual ocorre com aqueles que se utilizam do microscópio para verem o infinitamente pequeno, e poderem penetrar nas estruturas complexas dos micróbios, do DNA, do RNA, experiências houve e poderão ser repetidas, através das quais se pode mensurá-la, fotografá-la, pesá-la, qual fizeram inúmeros investigadores no passado e alguns no presente, nas excelentes reuniões de ectoplasmia ou materialização, bem como de diferentes efeitos físicos, incluindo a desmaterialização, o transporte... Neste último, por exemplo, os esforços exaustivos do Dr. Crawford, da Universidade de Belfast, na Escócia, permitiram fossem fotografadas as *alavancas* fluídicas – ectoplásmicas – que mantinham os objetos flutuando no ar ou transferindo-os de lugar, demonstrando que o movimento não era sobrenatural, mas que obedecia às leis da gravidade e da física contemporânea...

Por outro lado, as investigações fartamente documentadas e realizadas por Sir William Crookes inicialmente com a médium Florence Cook, confirmaram a energia que sustenta a vida e que prossegue além da morte, mantendo o ser espiritual indestrutível.

Superada essa intolerância contra a imortalidade da alma, o coração adquire lugar de destaque na cultura médica, especialmente no que diz respeito aos processos de recuperação da saúde, do bem-estar, da felicidade, por ser portador de valores até então desconsiderados, não obstante a importância de que se constituem.

Vale recordar que os pacientes podem sentir as *irradiações* do coração dos seus médicos e enfermeiros, renovando-se ou perturbando-se conforme o teor de que se revestem.

Ademais, os conteúdos emocionais que pulsam no coração, embora as áreas correspondentes no cérebro que os exteriorizam, respondem pelos resultados de muitos comportamentos humanos, particularmente nos períodos de enfermidades graves, nos processos cirúrgicos de transplantes de órgãos ou simplesmente de amputações, tornando-se relevantes para os doentes.

Não poucas vezes, o cérebro determina uma conclusão e o coração pulsa em ritmo diferente, anunciando outra que, seguida, sem desprezo pela contribuição da razão, torna-se a ideal.

Saber-se *ouvir* o coração, de forma que os temores ou as ansiedades, os castelos da ilusão ou do desejo não se sobreponham às suas vibrações, constitui um desafio que está merecendo maior soma de considerações dos pesquisadores da Cardioenergética.

Nessa análise, chegam à conclusão, os defensores do coração que *pensa* e proporciona memória às células, que o cérebro, em razão do uso de que tem sido objeto, é assinalado por heranças de culpa, de frustração, sempre quando não consegue aquilo a que aspira, do impositivo caprichoso de impor-se às demais pessoas conforme os seus padrões.

O coração, no entanto, ainda segundo aqueles seus defensores, permite a confiança, a bondade, a perseverança quando tudo parece perdido, a humildade renovadora de paz.

Jesus referiu-se também aos *humildes de coração,* aos que devem *amar de coração, perdoar de coração...* demonstrando a sensibilidade superior do órgão cardíaco.

Igualmente pode-se, no momento, constatar essa energia que procede do coração, quando se ora por outrem, enviando-lhe a *onda mental* repleta de *energia amorosa.* Não havendo essa contribuição do sentimento, aquela que parte do cérebro não logra suavizar a aflição ou alterar o quadro da enfermidade, liberando o enfermo da constrição que padece.

As experiências científicas constatam o que as religiões informam a respeito do *poder da oração,* desde que proferida por aqueles que são *puros de coração.*

Mesmo que os pacientes por quem se ora desconheçam essa cooperação os resultados fazem-se imediatos. Quando, porém, têm conhecimento e também vibram na mesma faixa do *coração que ama*, os efeitos são mais surpreendentes e abençoados.

Felizmente, os homens e as mulheres de ciência diante da expressiva documentação que resulta das experiências e vivências com pacientes terminais, que *sentem pelo coração* a aproximação do desfecho orgânico, ou que, em estado desesperador *percebem pelo coração* que sairão da grave injunção, voltam-se para analisar a possibilidade da existência de uma energia vital que se encarrega de manter a vida física. Ao mesmo tempo, inquirem sobre a procedência da mesma, avançando na direção do ser eterno, que é a fonte geradora das forças para o desempenho da tarefa de reeducação e de crescimento a que se encontram vinculados.

Essas *informações* que procedem do *coração* em forma de *energia* vêm consubstanciar a tese de que energia e informação podem ser consideradas como a mesma coisa, condensando na matéria que as capta ou que as emite, numa trilogia, que se pode adaptar como Espírito, perispírito e corpo...

O Espírito, através do cérebro e pelo coração, nos respectivos *chakras coronário, cerebral* e *cardíaco,* emite a energia – ondas mentais carregadas ou não de amor e de compaixão – que é registrada pelo *corpo intermediário* e transformada em *partículas* que são absorvidas pelo corpo, nele produzindo os resultados compatíveis com a qualidade da emissão.

A energia é responsável pela informação que se encarrega de produzir a ação. Essa energia informativa quando prossegue em atividade armazenando as suas vibrações enseja que as células mantenham a sua *memória*, obedecendo ao fatalismo biológico para o qual foram criadas.

A força dessa energia decorre do estágio de evolução do Espírito no processo das suas reencarnações, ampliando o campo de emissão da vitalidade pelo coração, assim contribuindo em favor do processo de maior crescimento emocional, intelectual e psíquico, demandando ao Infinito.

Com esse conhecimento, o indivíduo dá-se conta do potencial de que dispõe para trabalhar-se, enriquecendo-se de recursos que o capacitam para o enfrentamento de quaisquer vicissitudes e realizações desafiadoras, pensando com o cérebro e sentindo com o coração o programa que lhe cumpre desenvolver enquanto na vestidura carnal.

Indispensável, portanto, que se aprenda também a *pensar* com o *coração*, fazendo o *cérebro silenciar*, *acalmando-lhe* as exigências e favorecendo-o com a emoção enriquecedora de afeto e de confiança.

Surgem, em decorrência, necessidades afetivas, tais como a paciência, a humildade, a brandura e a esperança, como expressões do *coração* que, em harmonia com o cérebro, trabalha em favor da realização plenificadora do ser humano vivenciando sempre o amor.

Inconsciência de si mesmo

A ausência do hábito da introspecção impede ao indivíduo o conhecimento de si mesmo, abrindo-lhe campo para imagens pessoais que lhe não correspondem à realidade. Por isso, mantém-se em um estado de distração quase permanente, o que lhe dificulta o entendimento dos objetivos existenciais e de como comportar-se da maneira mais segura para atingir as metas que parecem distantes e inalcançáveis. Transcorre-lhe a existência como se estivesse em um estado de sonho, em que tudo se apresenta impreciso, dúbio, especialmente no que diz respeito ao discernimento em torno da significação de si mesmo.

Lao-Tsé, o célebre pensador chinês, teve oportunamente um sonho, no qual sentia-se como uma borboleta. Ao despertar, impressionado com a ilusão que lhe parecia uma realidade, interrogou-se: –"Eu sou um homem que sonhou ser uma borboleta ou sou uma borboleta sonhando que é um homem?"

Cada vez torna-se mais urgente a descoberta de quem se é, quais são as suas possibilidades de iluminação e os melhores caminhos a seguir na tentativa do auto-encontro. Enquanto esses valores profundos do Espírito não forem adquiridos ou pelo menos identificados, permanecerá uma significativa insegurança interior, geradora de ansiedade e de expectativa, de busca do insignificante e transitório e de frustração, de mal-estar.

A dor, mediante um elenco de fenômenos desagradáveis, predominará no seu comportamento, produzindo desencanto ou rebeldia, pelo fato de haver-se construído uma imagem que não corresponde à condição legítima que se é. Essa imagem que distorce o ser profundo, a fim de apresentá-lo ao mundo exterior, é elaboração da mente que modela o ego, passando a cuidar do que projeta, ao invés de absorver os estímulos da sua procedência.

Sempre que surpreendido por qualquer uma das manifestações do sofrimento, ei-lo em debandada do equilíbrio, fugindo do enfrentamento racional com a reação do organismo, da emoção ou do psiquismo que lhe solicita atenção e cuidados.

A atenção deve ser total e não fragmentada conforme é habitual entre as pessoas distraídas. Estas reservam apenas alguns momentos para fixá-la em determinados acontecimentos, sentindo dificuldade em aprofundar o raciocínio em torno do que observam. Logo fugindo à observação, desviam-se para outras faces dos movimentos mentais e físicos não auferindo os benefícios da paz interior de que poderiam desfrutar.

O ego pernicioso busca vestir-se de qualidades que não possui e considerar-se portador de méritos que não os tem. Porque se agiganta cada vez mais, em razão da ignorância deliberada a respeito do ser espiritual que realmente se é, não se equipa de resistências morais para os enfrentamentos naturais do seu processo de libertação da imagem que elaborou, facultando o surgimento do ser integral que lhe constitui a essência profunda.

Formado por muitos dos instintos agressivos que remanescem da experiência da evolução, mantém o melindre em que sustenta a insegurança emocional, adentrando-se pelo ciúme, pela intranqüilidade, pela ira fácil, pelo orgulho, pela mentira, quando necessário esconder as debilidades do sentimento, sempre mascarando-se conforme a conveniência da circunstância em que se veja surpreendido

Graças a esse comportamento surgem os antigos fenômenos duais: o observador e o observado, o sujeito e o objeto. Caso houvesse um conhecimento mais significativo da realidade, constatar-se-ia que somente existe a unidade observador-observado que observa, em uma perfeita interação de natureza física e emocional. Qualquer coisa só existe quando pode ser observada, tornando-se observadora a seu turno. O sujeito e o objeto de tal maneira se identificam, que passam a fazer parte da mesma estrutura de comportamento. Não mais o tu e ele, mas sim, o nós.

Quando alguém se detém nessa dualidade surgem as comparações, as necessidades da posse, da disputa, os anseios irrefreados do desejo que pretende a tudo absorver e submeter, esquivando-se ao entendimento global dos fenômenos humanos. Essa infeliz disputa é responsável pelos conflitos que se apresentam como forma de ter mais ou menos, de estar melhor, menos bem ou pior, de desfrutar mais vezes, e sucessivamente.

Essa competição exige o desgaste da energia saudável que deveria ser utilizada de maneira mais útil na edificação dos ideais superiores, no enriquecimento de compreensão dos deveres dignificantes, na estruturação das resistências, a fim de superar o quadro mesquinho da autocompaixão, da pieguice, do tédio.

Um comportamento dinâmico sob inspiração dos sentimentos dignos do ser profundo não opera cansaço nem sofreguidão, não produz inquietação nem marasmo, porque é sempre renovador, em face da vitalidade que possui.

Mediante a atenção em torno dos próprios atos compreende-se que não se é aquilo que está sendo projetado e que essa auto-imagem é irreal, permanecendo apenas sustentada pelos ardis da mente em *sonho*, que evita o encontro consigo mesma.

Atento a cada pensamento, gesto e palavra, pode-se identificar que essa aparência é responsável pelo sofrimento em que o ser se debate, quando, porém, se encontra em estado de atenção global perceberá que se trata de uma advertência do organismo, seja sob o ponto de vista físico ou emocional, descobrindo as razões que geram o desconforto e a dor, porém aprofundando ainda mais as suas causas, para penetrar na sua legitimidade. Trata-se de efeitos cujas origens estão no passado, próximo ou remoto, nesta existência ou em outras que ficaram como alicerce da atual.

A identificação do fator causal apenas não resolve ou lhe anula o efeito, tornando-se indispensável todo um programa de ação para minorá-lo e erradicá-lo, bem como para evitar futuras conseqüências que adviriam caso se permanecesse na mesma ilusão egoísta de ser irretocável, não merecedor de qualquer desgosto ou dificuldade.

Essa atenção desperta e lúcida contribui para entender-se os desafios que se encontram diante de todas as demais criaturas, que passam a merecer compreensão, amizade e ajuda, ao invés de competição, repúdio e malquerença. O próximo deixa de ser o outro, desaparecendo como objeto observado e que deve ser suplantado, para ser o nós que carece de apoio e forças para superar-se também. Com este raciocínio, promove-se tanto o indivíduo quanto o grupo social no qual está situado, erguendo-se e levantando também a humanidade da qual é membro essencial.

No sentido oposto, o ego parece preferir inconscientemente aquilo que o aflige, porque lhe dá segurança momentânea, chama a atenção para a sua existência, disputa o campeonato da competitividade enfermiça, aumentando sempre a imagem que projeta, sem a coragem de abrir espaço para o Espírito que necessita da luz do sol da verdade que o conduzirá à plenitude.

Essa consciência de si, como realidade primeira e última da existência terrestre, libertá-lo-á das incertezas e dos *sonhos* da aparência, facultando o convívio com o mundo das emoções que resultaram das sensações trabalhadas com equilíbrio e sabedoria.

Nas ocorrências de sofrimento e de desagrado, de frustração e tudo quanto antes era considerado como infelicidade, a atenção bem aplicada penetrará nas suas razões desencadeadoras e oferecerá compreensão para as mesmas, articulando atividades que tomadas com cuidado modificarão os efeitos danosos. Entre outras a meditação, a conversação saudável com o órgão enfermo ou mentalmente com o insucesso perturbador, em se tratando de natureza moral, emocional ou mesmo a pessoa que a desencadeou. E nos casos mais graves, como a morte ou desencarnação, deixando-se arrastar pela certeza da imortalidade e do reencontro feliz com os afetos que o anteciparam na viagem à Espiritualidade, passado algum tempo terá estímulos para lutar e crescer, a fim de merecer a continuação ditosa da experiência afetiva, no momento interrompida somente no campo das sensações físicas.

Uma atitude de resignação diante do sofrimento de qualquer jaez diminui-lhe a intensidade, acalma as reações emocionais afligentes, produz paz e bem-estar, sobretudo não interrompe a alegria de viver em razão do que poderemos denominar como acidente de percurso. Bem se vê que diante de provações muito facilmente se podem modificar-lhes as estruturas, diminuindo-lhes a intensidade de dor e de sombra. Já no caso das expiações, que são impostas para a reeducação do Espírito rebelde ou calceta, havendo lucidez mental, também se podem atenuar-lhes os efeitos desgastantes e constrangedores, como ocorre nos casos de inúmeros missionários que as aceitaram com a finalidade de se transformarem em exemplos para as demais criaturas humanas.

Em razão dessa atenção que leva ao conhecimento das causas, da conscientização da realidade como ser imperecível, também os significados existenciais se alteram e a visão em torno do que é bom e aprazível, compensador e feliz, se modifica em relação àquilo que o ego elegia como fundamental para o seu prazer e gozo, por estar sempre envolto em dificuldade e conflito, ansiedade e desconfiança.

Se ocorre a dor ou a convencional infelicidade se apresenta, o ser consciente de si mesmo, senhor dos seus valores, ao invés de deixar-se arrastar pela lamentação, realizando a apoteose da desdita, põe-se a considerar que essa, sim, é a melhor forma de felicidade, porque o livra de novas investidas do passado e de perigos na conduta em relação ao presente e ao futuro.

É nesse capítulo da conduta que se instalam a autoconfiança, a decisão de prosseguir-se no rumo elegido, o desejo de enfrentar todos os impedimentos para alcançar o objetivo do seu destino, e sem sombras perturbadoras, nem ilusões anestesiantes, o Espírito desperto, portanto, lúcido a respeito da finalidade da vida e das infinitas possibilidades que possui, avança sem temor, auto-superando-se em cada passo, sempre ascendendo mais e conquistando mais harmonia interior.

Deixa de ter para ser, torna-se vida em abundância, saindo das necessidades convencionais nas quais estorcegava em aflições criadas pela imaginação, pela ilusão, pelo ego.

A partir dessa conquista, o indivíduo elege o campo, a área de comportamento mental onde estagiará, aceitando, naturalmente, aquela que o promova mais e que mais o liberte dos caprichos dominadores das paixões de que se vem libertando a pouco e pouco. O mergulho na conquista de si mesmo é compensado pela perfeita identificação da qualidade de vida que cada um elege para o jornadear na Terra, onde se acrisola e desfere o vôo no rumo do Infinito.

O egoísmo

Herança cruel do primarismo por onde deambulou o *princípio espiritual* nas anteriores faixas antropológicas da evolução, o egoísmo predomina em a natureza humana, responsabilizando-se pelos comportamentos arbitrários e infelizes que postergam o desenvolvimento do *Cristo interno* adormecido nos refolhos mais profundos do ser humano.

Esse atavismo dos prazeres mais grotescos, característico da selvageria que a tudo elege para si, excepcionalmente para a prole, quando ainda dependente no animal, remanesce dominador como medida de preservação da existência física, segurança pessoal para o futuro e insegurança da própria estabilidade.

Reúne tudo de quanto dispõe além das necessidades reais, acumulando excessos perturbadores no campo da posse, pensando exclusivamente em si mesmo, e quando, por exceção, naqueles que lhe são afeiçoados ou descendentes, em detrimento de todos os demais, os quais certamente não pode dispensar, mas que, na sua loucura egotista, por enquanto, não se dá conta nem lhes atribui valor.

Por isso mesmo enceguece-se e perde o rumo da felicidade, por pensar exclusivamente no gozo que amortece os sentidos e bloqueia os sentimentos que poderiam desabrochar para a compreensão do bom e do belo, do nobre e do elevado.

Poderoso, por estar entranhado nos recessos do psiquismo que ainda não despertou para a realidade, faz-se cruel, mantendo a sua vítima prisioneira do misoneísmo infeliz que impede a aceitação das conquistas contemporâneas que iluminam e libertam a consciência dos paroxismos que o assaltam sempre que invitado a comportamento melhor e mais compatível com o nível de evolução que lhe compraz alcançar.

Dele se exteriorizam o orgulho e a presunção que envilecem a conduta humana, por facultarem uma visão distorcida dos valores espirituais e por conduzirem à alucinação da soberba, dos preconceitos dissolventes, da disputa pelos privilégios que entorpecem o caráter.

Frágeis, no entanto, sempre conduzem ao desfalecimento e à consumpção, por não disporem das resistências morais para a transformação que se deve operar em sentido elevado e contínuo, porque no rumo do Infinito.

Ao egoísmo devem-se as grandes calamidades morais e sociais que se apresentam no organismo da humanidade, gerando guerras de religião, de classes, de raças, de política, de anseios desmedidos. O egoísta somente vê-se a si mesmo e às suas ambições enlouquecedoras que o jugulam ao eito da escravidão desse incomum carrasco do progresso espiritual da sociedade.

As suas amarras vigorosas, no entanto, tendem a arrebentar-se ante o impacto da evolução, pois que ninguém se exime da lei dos renascimentos corporais, através dos quais o inevitável mecanismo depurativo trabalha pela libertação da sua inferioridade, já que todos se encontram destinados à perfeição inevitável.

Assim, são limadas as primeiras anfractuosidades do caráter agressivo-defensivo pelo automatismo do sofrimento, cujo instinto de preservação da existência experimenta a contribuição valiosa e saudável da inteligência que estabelece os parâmetros da manutenção do corpo e de todos os seus equipamentos, sem necessidade de reforços destrutivos.

Logo depois, o sofrimento, agora lúcido e racional, induz à busca da cooperação do próximo, queira-o ou não, sem cujo socorro torna-se inviável a luta e o fracasso do investimento se torna inevitável.

À medida que o ser experimenta a compreensão, o discernimento em torno dos objetivos existenciais e participa do grupo social, o egoísmo, mesmo quando dominante, cede espaço à solidariedade e ao sentimento de apoio ao próximo, ensejando o bem-estar que não se encontra no estágio primitivo, mas faz-se conquista de uma percepção mais sutil da alma que já não se demora na ignorância de si mesma.

Embora esse esforço, que deve ser contínuo, percebe-se que remanescem nos pensamentos e nas atitudes as heranças arcaicas do primarismo que constitui a base de sustentação do progresso. Lentamente transformada em energia vitalizadora essas manifestações tornam-se estímulos para a aquisição das elevadas qualidades morais, transformando o que antes eram interesses para si exclusivamente em contribuição para todos igualmente.

Brotam, então, os pródromos do auto-amor, que se encarrega de proporcionar o despertamento para a felicidade mediante a iluminação interna que faculta entender as finalidades da vida e todos os encantamentos que se apresentam no curso da sua vivência. Uma necessidade premente de equilíbrio emocional, psicofísico, impõe-se, porque já não satisfazem os prazeres superficiais e anestesiantes, que sempre transferem o indivíduo de uma para outra ansiedade, todas geradoras de morbidez.

Para conseguir esse desiderato, investe os melhores esforços em favor da conquista de mais conhecimento intelectual e melhor desenvolvimento moral, adquirindo controle sobre as tendências negativas e as paixões mais perversas, administrando o potencial de energia interna que canaliza para os avanços audaciosos da fraternidade como se manifeste, ensejando-se a alegria de existir e o reconhecimento a Deus por viver.

Eliminados os interesses egoísticos, a pouco e pouco vão desaparecendo os conflitos internos, que decorrem do medo da perda da posse, da juventude, da saúde, da posição social, do trabalho mantenedor da existência, que substitui pela tranqüilidade do dever bem cumprido.

O pensamento dilata-se em um hino de harmonia, fundindo-se com a Natureza embora individualizado, por sentir-se parte integrante do Cosmo, partícula de mínima expressão conforme se encontre, porém importante quão essencial em favor da harmonia geral.

Para que possa conseguir todo esse desempenho, o ser profundo é invitado ao incomparável empreendimento da governança da mente, da emoção e do corpo, que se apresentam como uma unidade, pois que, independente do cérebro de que se utiliza, tudo depende das aspirações que acalente e programe para consubstanciar a sua realidade.

Essa visão unitária de conjunto somente pode ser adquirida quando se percebe a integração dos elementos que constituem o indivíduo como célula do organismo universal. E para que seja realmente entendida após identificada, a meditação e a oração como partes integrantes do mesmo programa auto-iluminativo desempenham papel fundamental.

O ser sensorial cede lugar ao espiritual, sem perder as suas funções na execução das tarefas que lhe estão assinaladas, desde que indispensáveis para o êxito do processo reencarnacionista.

Enquanto guiado pelo instinto de preservação da vida, a matéria é-lhe o tudo existencial, que deve ser mantida a qualquer preço, estimulada e bem-disposta para poder fruir o máximo, ao mesmo tempo prolongando o período que lhe está destinado. Com essa compreensão estreita e deturpada, tudo gira em torno dos sentidos físicos, e mesmo quando as aspirações do sentimento apontam novos rumos, a prioridade é sempre para o corpo e as suas manifestações.

O ser humano é resultado da força dinâmica procedente da consciência que encaminha os pensamentos conforme os seus padrões de *sono* ou de *despertamento*.

Comprometido fatalmente com a felicidade, todos os passos orientam para a conquista de níveis mais consentâneos com a sua destinação espiritual.

O encontro do nível de identificação de todas as funções da máquina em a qual estagia, constitui o próximo desempenho, mediante o qual se podem utilizar de todos os recursos da constituição orgânica para a libertação do claustro em que se transforma com exigências e limites que devem ser ultrapassados.

O prosseguimento da ação da consciência em ascensão alcançará o estágio cósmico, quando já não é mais o indivíduo – *persona* – que se apresenta, mas o Espírito quem orienta.

Após haver vivenciados todas possíveis tribulações e testemunhos, amarguras e dissabores, o Apóstolo Paulo exclamou: *Já estou crucificado com Cristo: e vivo, não mais eu, mas Cristo vive em mim*, conforme a carta dirigida aos gálatas, 2:20.

O incomum servidor do Evangelho, pôde em uma existência vivenciar os diferentes níveis de consciência, saindo do primarismo que a ortodoxia farisaica lhe desenvolvera no comportamento, tornando-o revel e criminoso, para o despertamento com Jesus na estrada de Damasco. Toda uma revolução se operara no seu mundo íntimo, e ele deu-se conta que a sua vida tinha uma finalidade muito mais significativa e ampla, abrangendo a humanidade que necessita do Mestre, passando a meditar no deserto de Don, para controlar os impulsos da inferioridade antes predominante e assim, consciente das suas funções orgânicas e a elas sobrepondo a vontade férrea, partiu para servir.

A jornada era-lhe imensa e os empecilhos multiplicavam-se a cada momento, mas ele não estacionava, não recuava, não se compadecia dos próprios limites, impondo-se sacrifícios cada vez mais severos, conseguindo libertar-se do fardo carnal, embora nele transitando, para lobrigar a consciência cósmica, aquela que o fascinava e se empenhava por alcançá-la, quando então o Cristo tomou-o todo e ele já não se pertencia, nem ao corpo, nem às próprias aspirações.

O egoísmo, que nele predominava, elegendo-o como o melhor da raça em que nascera, enlouquecendo-o de orgulho para conseguir os mais altos e destacados postos rabínicos de exaltação pessoal e do *seu* povo, estiolou-se, diluiu-se ante a luz inigualável de Jesus-Cristo, humilhando-o, qual uma semente que deve ser triturada, a fim de que liberte a vida que nela se encontra adormecida, propiciando-lhe o esplendor que se lhe encontra ínsito. E ele conseguiu auto-superar-se, imergindo do caos em que se asfixiava para planar nas imensuráveis regiões do êxtase que desfrutava na convivência com o Cristo de Deus.

Certamente nem todos indivíduos se disporão de uma vez a esta transformação superior, saindo do vale sombrio por onde deambulam e alcançando o planalto esplandecente para onde se dirigem.

Lentamente, vencendo cada etapa do processo de auto-superação, o egoísmo de cada um vai desprendendo as camadas externas em que se envolve, pela desnecessidade de mantê-las, enquanto se desfaz interiormente ante a energia edificante que dimana dos centros vitais do psiquismo.

Esta é uma luta abençoada e feliz cujo resultado é plenificador, por ensejar a constante transformação moral do ser no rumo da Consciência Cósmica.

Frustração

A mente indisciplinada é rica de pensamentos e de imagens que induzem à posse, à conquista de tudo quanto fere os sentidos sem atender a sede de harmonia que deveria predominar.

Cada conquista, depois de experienciada, abre espaço a novos desejos, porque não corresponde aos anseios profundos do sentimento, embora não expressos, produzindo tremenda frustração.

Distraída, transfere-se de anseio e estabelece nova meta, que passa a ter significado de alta importância.

Em razão dessa insatisfação a ansiedade se instala, atormentando as emoções e afligindo a criatura que, desconhecendo o significado real da vida, passeia de um para outro deslumbramento material, pretendendo absorver, pela posse, as imagens que naturalmente logo se diluem, deixando incertezas.

A mente, neste estágio, quando consegue alcançar o que anela, avança em pensamentos que se confundem, sem experimentar o prazer da conquista, detendo-se na ocorrência do que aspirava, a fim de fruir mais e melhor aprofundar o sentimento de paz.

Fixando-se em prazeres e desejos de satisfações imediatas, perde-se o contato com a emoção profunda em torno dos ideais de libertação dos sentidos físicos, que facultam o penetrar-se de sentimentos e conhecimentos iluminativos, calmantes, restauradores da vinculação com o *Cristo interno.*

Essa ruptura é decorrência da atenção exagerada que se dá às sensações em detrimento das aspirações superiores que tranqüilizam, ao tempo em que induzem à alegria que resulta do crescimento interior.

O mundo é rico de belezas e de distrações exteriores que convidam ao devaneio, à imaginação, ao sonho.

Desse modo, a paixão pela posse, mesmo sabendo-se que não representa tudo, já que perece ou fica no mundo quando advém a morte, permanece aturdindo na volúpia dos desejos incontroláveis que terminam por frustrar e amargurar sempre.

A mente necessita ser freada pela vontade, a fim de que se direcione pelo rumo do conhecimento que estabelece metas reais, ampliando os horizontes do pensamento criador.

A energia que se perde quando ocorre a frustração em torno dos desejos não compensados, expressando-se de maneira contrária seria convertida em força edificante para labores mais significativos, que resultam em bem-estares que se prolongam além do ligeiro momento que passa...

As fixações do comportamento trivial ou vulgar, carregadas de clichês angustiantes e doentios, caracterizadas pelo desrespeito aos compromissos dignificantes, transferem-se de uma para outra reencarnação, permanecendo como inquietação, polivalência de idéias tumultuadas, que então se manifestarão como insatisfação, ansiedade, que a inabilidade de condução reverte em transtorno de conduta, instalando processos depressivos unipolares ou bipolares que infelicitam o ser.

A necessidade do cultivo de idéias saudáveis, aquelas que facultam esperança e confiança no próprio destino, contribui para o direcionamento mental, que passará a deter-se na reflexão das mesmas, com aproveitamento dos resultados em favor da harmonização pessoal.

Enquanto não seja estabelecido um programa de disciplina mental, mediante um roteiro de pensamentos que centralizem a atenção, evitando o desperdício de energias psíquicas, ocorrerão os distúrbios emocionais que danificam os quadros de perspectivas de plenificação do indivíduo em relação à sua atual existência corporal.

A ansiedade que decorre da busca das novidades e dos fenômenos da moda quotidiana, que parecem constituir metas essenciais do relacionamento social, favorecem a presença da frustração que se apresentará como resposta da emoção não atendida.

A calma, que resulta da reflexão, toda vez quando novos compromissos sejam estabelecidos, quando surjam oportunidades de ação construtiva, quando se deparem com desafios que fazem parte do processo da evolução, auxiliará na solução de todos eles, porque favorecerá a inspiração e o discernimento para saber-se qual a melhor maneira de proceder. Neste cometimento, a ansiedade cederá lugar à serenidade indispensável à manutenção do estado de saúde, de paz de espírito, que são essenciais ao equilíbrio psicofísico.

Essas heranças ancestrais que procedem do passado do Espírito atrabiliário, ressumam em formas mentais muito variadas, especialmente impedindo a concentração em tudo quanto seja libertador. Curiosamente, por uma tendência algo masoquista, o indivíduo fixa melhor os pensamentos inferiores, aqueles que possuem sabor de vingança, de cólera, de ciúme, de ódio e todos esses infelizes sentimentos que cortejam o egoísmo.

Não são poucos aqueles que afirmam terem grande dificuldade de concentração, de preservação mental de idéias superiores. Não obstante, permanecem sempre com pensamentos sensuais, de promiscuidade de qualquer natureza, de ambições desmedidas, guardando ressentimentos que transformam em verdadeiros algozes de si mesmos e daqueles que os desencadearam.

Na sua condição de ímpar terapêutico das almas, Jesus assinalou que o homem não deveria viver ansioso pelo dia de amanhã, pois *a cada dia basta o seu mal.* (Mateus, 6:34.)

Igualmente, examinando em profundidade o ser humano e os seus interesses, estabeleceu com imensa propriedade que *onde estiver o vosso tesouro, aí também estará o vosso coração*, conforme Lucas, 12:34.

Tudo aquilo quanto a mente fixa o sentimento adere, estabelecendo-se uma ponte de comunicação poderosa. Tanto mais emocional será a ligação quanto maior for o interesse, quanto tiver significado aquilo que se aspira.

É compreensível, portanto, que os *tesouros* materiais, aqueles que ferem os sentidos físicos, como aqueloutros que fazem parte da periferia sensorial dos prazeres inquietem a mente, desarmonizando-lhe o programa de crescimento psíquico, no que resultam distúrbios de ansiedade acentuada, e porque sejam insuficientes para atender às reais necessidades éticas, morais, espirituais que transcendem a esfera orgânica, transformam-se em doridas frustrações.

A educação da mente é processo de grande importância para a aquisição do sentido existencial, para o avanço digno pela senda terrestre, para a auto-iluminação, sem culpa nem receio, tormentos esses que são eliminados na medida em que a consciência adquire discernimento para as ações legítimas e inadiáveis.

Quando a educação através dos seus métodos convencionais de disciplina torna-se impotente para bem direcionar a mente a opção valiosa, sem qualquer dúvida, é a meditação.

O ser humano encontra-se no mundo para valorizá-lo, fruí-lo, utilizá-lo no seu desenvolvimento espiritual, mas não depender do mundo. O mundo é escola, e na sua condição de educandário desemprenha papel primacial para a evolução, em cujo bojo encontra-se o objetivo de tornar o *Cristo interno* o verdadeiro comandante das ações e dos objetivos inarredáveis da reencarnação.

A meditação propicia a viagem interna, que conduz o pensamento ao encontro deste fulcro, em alguns indivíduos adormecido e noutros em procedimentos iniciais de surgimento.

O hábito da introspecção proporciona o relaxamento das tensões, facultando agradável sensação de prazer estésico, graças ao qual as recordações dos momentos felizes volvem com a mesma intensidade com que foram experienciados, tornando as horas recompensadas pela alegria.

Essas naturais memórias que retornam, são destituídas de aflição, tanto quanto de ansiedade, porque preenchem os vazios dos sentimentos, transformando-se, por sua vez, em emoções.

À medida, porém, que a meditação se torna habitual o inconsciente, após liberar as imagens que se lhe encontram arquivadas, permite que haja tranqüilidade na consciência e os pensamentos cedam lugar ao não-pensar. Nesse estado em que a mente se torna um lago-espelho com as águas paradas refletindo a Natureza, um tipo de estado nirvânico se instala, do qual se retorna sempre revigorado para as lutas sem desgastes emocionais, nem ansiedades pelo futuro, ou mesmo sofrimento em relação ao passado.

Descobrindo-se o bem-estar que decorre desse mergulho íntimo, as atividades do dia-a-dia devem ter o seu prosseguimento normal, a fim de que, atraído pela serenidade experimentada, não sucumba ao desejo de anulação da luta e das conquistas iluminativas.

Cabe, à criatura humana, a atividade que se encarrega de desenvolver-lhe a área do conhecimento e das vivências, de forma que a sabedoria se lhe instale no Espírito que é, candidato ao *reino dos Céus*, que afinal está dentro dele mesmo.

Por outro lado, essa conquista de asserenamento mental irá facultar-lhe mais amplas possibilidades de penetrar outras dimensões da realidade da energia, especialmente facultando-lhe mais amplo campo de comunicações espirituais, reforçando a sua crença na imortalidade do Espírito bem como na reencarnação.

Possuidor de paranormalidade mediúnica, supera as constrições iniciais, as injunções penosas dos processos obsessivos, por situar a mente em dimensão mais sutil, portanto, mais elevada, impedindo que os seus adversários de ontem como os de hoje, ou mesmo aqueles que são burlões e mistificadores encontrem campo vibratório para uma sintonia perniciosa.

Como se trata de um devedor, as Divinas Leis proporcionarão recursos para que através do amor, da renovação moral e do bem que possa fazer, modifique a situação, sensibilize aqueles que se lhe tornaram adversários, auxiliando-os a mudarem de comportamento, buscando também, por sua vez, a própria felicidade.

Todo aquele que se permite o hábito da meditação transforma-se para melhor, porque antecipa, enquanto ainda no corpo somático, experiências espirituais santificantes, não mais se comprazendo com os limites sensoriais, nem com as paixões ardentes que consomem as aspirações do bom e do belo, do nobre e do superior.

Um encantamento especial toma-o, concitando-o ao prosseguimento, sem fugas, sem medos, sem anseios, em ritmo de paz e de concórdia com que edifica a própria e as existências que o cercam. A mente calma, por fim, abre mais nobres espaços para a sublimação do ser, agora direcionando todos os pensamentos para a felicidade, que somente se conquista mediante a renúncia aos prazeres carnais e aos desejos tormentosos do corpo, que expressam a inferioridade da alma encarnada, produzindo frustração.

O sofrimento

A mente, quase sempre astuta, herança da viagem antropológica da evolução, elabora mecanismos complicados para evitar ou vencer, quando instalado, o sofrimento. Essa atitude, sem qualquer dúvida, gera ansiedade, que é, em si mesma, um tipo de sofrimento. Este manifesta-se mais intensamente na solidão e no desespero, na perda dos valores éticos e na ausência do auto-amor, porque transfere a responsabilidade da ocorrência para outros: indivíduos, acontecimentos, sociedades, governos, Deus...

A falta de coragem para o enfrentamento da ocorrência automática do desgaste orgânico, ocasiona o surgimento de processos escamoteadores, por meio dos quais, poderia avançar pelo tempo sem as manifestações inevitáveis do sofrimento.

A sua presença vai além das sensações orgânicas e dos destrambelhos da maquinaria celular, porquanto é mais vigoroso quando de natureza moral, resultado das imposições do egoísmo, do orgulho, do prazer.

Porque necessita de distrações para diminuir as tensões da luta em que se empenha, o ser humano transfere as suas aspirações para a posse mesmo através do amor. Ter alguém que o ame, mas não necessariamente a quem ame, constitui um reflexo do egoísmo que elabora as correntezas do poder, impondo-se a outrem e dominando-lhe as resistências, a fim de possuir-lhe os sentimentos que, não obstante, encontram-se inalcançáveis, porque se podem libertar após as experiências do convívio, sem que o corpo se afaste das algemas a que se deixou prender. Isto porque há dependências emocional, financeira, sexual, social... O estoicismo que leva à liberdade nem sempre se manifesta nos indivíduos débeis de valores ético-morais. Preferem o sofrimento dourado, a solidão a dois ou a mais, do que a liberdade a sós. A grande maioria teme a solidão, porque lhe parece que é constrangedora e responsável pelo sofrimento, quando a balbúrdia, a multidão, as fugas espetaculares para os gozos individuais ou coletivos, tornam-se agentes da situação de dor e de aflição.

Quando se aprende a meditar, a amar, nunca o sofrimento interfere neste comportamento, porque não há ansiedade nem medo. Tudo transcorre em uma esfera indimensional, na qual o tempo e o espaço não são necessários, desde que o pensamento se encarrega de experienciar o bem-estar, preenchendo os vazios internos com solidão ativa e nunca atulhada de preocupações passivas.

Culturalmente, o ser humano vem sendo educado para vencer a dor e evitar a sua presença, utilizando-se de recursos que se multiplicam desde os processos preventivos como os curadores, no caso das enfermidades e dos transtornos da emoção ou dos patológicos mais graves... Essa conduta, em si mesma, já constitui uma forma de sofrimento, porque proporciona medo e incerteza a respeito da vida e das suas manifestações na área orgânica.

Quando se tornar possível compreender e viver o conhecimento de que somente existe sofrimento porque o Espírito é o seu desencadeador, em razão dos atos que atentam contra os Estatutos Divinos, naturalmente o sentido existencial altera a sua conduta, proporcionando uma tranqüila aceitação desses efeitos malsãos, convertendo-os em bênçãos de equilíbrio para depois. A importância desse entendimento é significativa, porque ao permitir-lhe a presença – do sofrimento – passa a conduzir-se de forma edificante, não desejando expulsá-lo por meio de drogas ou de cirurgias, ou de métodos alternativos que não remontem às causas, diminuindo apenas os resultados.

É certo que esse procedimento exige uma decisão consciente e uma compreensão dilatada em torno da Realidade Superior.

Como psicologicamente a pessoa procura minimizar a dor, quando não a pode evitar, não é justo se lhe cerceie os passos na busca do que lhe parece mais aprazível e benéfico. No entanto, é válido esclarecer que o atenuar dessa perturbadora sensação, que muitas vezes enlouquece os fracos e pusilânimes, não resolve realmente a questão, porquanto se transferem esses fenômenos para outras oportunidades em que surgirão mais graves e mais dolorosos. Isso ocorre, não raro, quando a velhice domina as carnes antes moças e as forças anteriormente resistentes e desafiadoras. O alquebrar das energias, o desfalecimento da máquina, ensejam que esses resíduos, que não foram diluídos, reapareçam em forma de amarguras, de revoltas, de queixas, de ressentimentos...

Cabe à mente entender que o Universo é perfeito em sua estrutura e tudo quanto nele existe tende a essa perfeição. As experiências evolutivas trabalham para que essa aquisição se opere sem traumas, sem frustrações, sem mutilações internas. Toda vez, porém, que há um ato de rebeldia, que se manifesta uma tendência violenta ou se expressa uma conduta repressiva, abrem-se campos de fixação para as conseqüências porque fogem ao estabelecido pela Ordem Cósmica.

O livre-arbítrio, que favorece o comportamento a desempenhar, as opções de como agir e ser feliz, também opera o determinismo, que é o resultado dessa decisão. Atirada a flecha, o arqueiro não mais a pode deter, por maior velocidade que se imprima por alcançá-la.

Pela constituição cerebral, que avança dos automatismos fisiológicos para os psicológicos e destes para os espirituais, os fenômenos humanos são de natureza primária, melhorando-se pelo discernimento, pela aquisição da consciência mediante a razão e, sobretudo, pela penetração no campo do Absoluto, seja por intuição, por inspiração, por sintonia, pelo mergulho nas vibrações cósmicas...

A partir dessa etapa, ressumam os sofrimentos conscientes que permaneciam em depósito nas profundezas do inconsciente, necessitando de ser conhecidos e vivenciados com amor e compaixão para que ocorra a libertação das suas amarras e dependências.

Todo prazer se transforma em frustração ou desencanto, em razão da sua transitoriedade e pelo impositivo de querer tornar eterno o efêmero, que se dilui na razão direta em que mais se busca segurá-lo, qual ocorre com a água retida na mão fechada escorrendo entre os dedos.

A fuga do sofrimento leva a encontros mais surpreendentes em matéria de dor, porque ninguém se pode dissociar de si mesmo, a fim de avançar em partes distintas longe da unidade.

O ser é uno mesmo quando no corpo ou fora dele. No corpo, ocorre a perfeita integração dos elementos que o constituem, e, à medida que se liberta dos envoltórios materiais prossegue na sua unidade com os vestígios da vivência impregnados nos tecidos muito sutis do perispírito que o transmitem à essência espiritual.

Desse modo, as alegrias – sensações de gozo –, os sofrimentos – sensações de dor –, estão nas impregnações do corpo modelador da matéria, veículo das sensações e emoções para o Espírito.

O Espírito, em si mesmo, esse agente fecundo da vida e seu experimentador, estabelece, de forma consciente ou não, o que aspira e como consegui-lo, utilizando-se do conhecimento de si mesmo, único processo realmente válido para os resultados felizes.

A negação do mundo, sugerida por Jesus, não é a ignorância em torno das sensações mundanas e suas cadeias escravizadoras, senão a superação dos seus impositivos que respondem pelas ocorrências de sofrimento ou de felicidade após a eleição ou rejeição dos seus modelos e propostas.

Eis porque o amor e a consciência do dever constituem meios de identificação com a Realidade. O primeiro, porque sempre cresce e aformoseia o ser, tornando-o rico de paz em caminho da plenitude, e o segundo, porque direciona a conduta para a seleção do que deve fazer e o melhor processo pelo executar, gerando condicionamentos de harmonia, sem remorsos nem culpas.

Na parábola do Semeador ministrada por Jesus encontramos a proposta do dever e do amor, da consciência e da ação, quando Ele enunciou com naturalidade: *O semeador saiu a semear...*

Não houve preocupação com o solo, senão com as sementes, porque, por mais que se perdessem, sempre haveria regaço terreno para que se multiplicassem em abundância, compensando o número daquelas que foram atiradas a esmo e não se reproduziram, como também as outras, as que germinaram e se desenvolveram, transformando-se em fartura e abundância, em razão da fertilidade que sempre existe em algum lugar. Semeando-se a esmo, sem cessar, sem pressa e sem angústia de colher, muitos grãos caem em solos abençoados, que generosamente os devolvem em número maior do que os acolheram.

Todo investimento de amor tem o mesmo resultado. Quando é semeado sem especificidade, sempre encontra campo próprio para germinar, não respondendo de imediato, o que não é importante, mas fazendo-o positivamente com profusão.

Jesus, embora incompreendido no Seu tempo, venceu a História, ultrapassou todas as épocas, encontrando-se instalado no mundo e em milhões de mentes e corações que O aceitam, O amam e tentam segui-lO.

O sofrimento que experimentou não O afligiu nem O turbou, antes foi amado e ultrapassado, tornando-se mais do que um símbolo, a fiel demonstração de que *no mundo somente teremos aflições.*

Isto porque, as aflições constituem fenômenos normais da maquinaria em que se transita, projetando para a Realidade as construções mentais e emocionais edificadas.

A alternativa, portanto, para o sofrimento, é a consciência da aceitação, compreendendo que a sua é a função de despertamento para a vitória sobre as vicissitudes e limites, o impulso para sair das condições deploráveis das falsas necessidades primárias que já deveriam estar ultrapassadas.

Graças a esse entendimento a mente alça-se a patamares mais elevados e o ser experiencia melhores condições de vida terrena, compartilhando os sentimentos do Amor Eterno que o penetram e fortalecem, de maneira que ultrapassa a temporalidade do limite da reencarnação.

Estar no corpo ou fora dele tem pouco significado, exceto quando, durante a trajetória material pode operar-se o crescimento íntimo, enquanto que além dos despojos cabe-lhe atividades diferenciadas, que são resultados do que houve por bem ensementar enquanto na caminhada orgânica.

Dessa forma, o *Reino dos Céus* encontra-se na Terra, começa entre os cardos e tropeços do caminho, espraia-se pelos horizontes sem-fim da imortalidade em um processo de unidade, que dificilmente se poderá dizer se, no mundo ou fora dele, dentro, portanto, de uma realidade infinita e inconfundível.

Assim considerando-se a função do sofrimento, toda e qualquer apresentação de dor pode ser convertida em canto de amor.

As terapias que visam a libertação dos sofrimentos possuem grandiosa validade que, no entanto, não podem nem devem impedir que sejam erradicados nas suas raízes aquelas causas que os geraram.

Culto ao sofrimento

Assinalava Buda, nas suas *Quatro Nobres Verdades,* que o sofrimento é uma realidade e a luta em favor da sua superação deve ser a razão essencial da existência humana.

O sofrimento é, sem dúvida, a *pedra de toque* encarregada de desbastar o erro, a fim de revelar toda a verdade, desde que o indivíduo se nega à experiência do amor que liberta, proporcionando-lhe a luz do discernimento que o capacita ao crescimento interior e à conquista do caminho seguro para a Realidade.

Impregnado pela quimera e devotando-lhe um grande culto, é natural que os engodos e as arbitrárias condutas trabalhem em favor da sua queda incessante nos abismos da mentira e do crime, nos quais parece desfrutar de comodidade e prazer equivocados, mas imediatos, trocando-os pelos de qualidade excelente e duradouros.

Imerso no corpo, que é uma forma de *Raga*, a ilusão dos sentidos atribui apressadamente que deve desfrutar de todas as comodidades imediatas que são propiciadas pelas expressões objetivas, materiais, sem aperceber-se da grandeza da vida real, espiritual, exteriorizando-se mediante as vibrações psíquicas que o envolvem e proporcionam experiências confortadoras de efeitos permanentes.

O corpo é sublime instrumento elaborado pela Divindade para ensejar o desabrolhar da vida que se encontra adormecida no cerne do ser, necessitando dos fatores mesológicos no mundo terrestre, de forma que se converta em santuário rico de bênçãos.

O entorpecimento relativo da memória durante a reencarnação não permite que se tenha compreensão de toda a grandeza do evento biológico no rumo da imortalidade, limitando a capacidade das aspirações superiores, em face da impregnação dos fluidos orgânicos sobre o Espírito que se sente algo encarcerado durante o processo no qual transita.

Não obstante, nos excelentes momentos de parcial desprendimento pelo sono retorna às paragens de onde procede, ali haurindo energias e reabastecendo-se de forças para dar prosseguimento ao processo iluminativo.

Porque se haja equivocado nas oportunidades anteriores, quando se utilizou mal da indumentária fisiológica, mantém ínsitas no inconsciente profundo as lembranças dos erros que se transformaram em complexo de culpa na consciência, dando lugar a sofrimentos interiores sem aparente causa justa, pelo menos atual.

Em conseqüência, as dores se manifestam de variada etiologia convidando à reflexão e ao refazimento do compromisso moral que ficou abandonado. Esse epifenômeno aturde e desencadeia outros tantos desequilíbrios que constituem o suplício daqueles que não se encontram preparados para os enfrentamentos da evolução.

Insucessos, desditas, dificuldades no movimento da realização pessoal, lutas contínuas, constituem o rumo por onde seguem os equivocados em provação, encontrando-se mais bem amparados do que aqueloutros que incidiram em gravames cruéis e expungem amargamente nos catres da paralisia, nos presídios sem grades da loucura, da idiotia, dos processos orgânicos e mentais degenerativos...

Esses comprometimentos expressam as profundas lesões da alma que devem ser eliminadas, em catarses contínuas até à liberação completa dos fatores que geraram a aflição.

Não são poucos aqueles que sob o açodar do sofrimento aceitam-no com surda revolta, submetendo-se com amargura e terrível ressentimento contra a Vida, expungindo com autodepreciamento, sentindo-se inferiores e abandonados pela Providência Divina.

Cultivam, assim, terrivelmente infelizes, o sofrimento que deveria ser recebido de maneira diferente, enriquecedora, lógica, na sua função depurativa, recorrendo a métodos eficazes, quais os do amor, da fraternidade, da ação solidária, da auto-iluminação, porquanto a marcha do progresso é inevitável e ninguém desvelará o seu *Cristo interno*, sem que rompa a carapaça grosseira que o oculta.

Infelizmente, todos quantos assim procedem, derrapam nos processos transtornadores da depressão, das fobias, preferindo ser lastimados a queridos, tidos por desventurados ao invés de vistos como lutadores que combatem com as armas que os levarão à vitória.

Seus semblantes permanecem assinalados pelos vincos do pessimismo e pelas marcas profundas do desencanto.

Mortos-vivos, somente pensam em si, cultivando um egotismo exacerbado, sem valor para compreender a ocorrência e evitando-se fazê-lo, se por acaso deixassem-se entender que a responsabilidade é exclusivamente sua, assim encontrando recursos para a superação. Não se dão conta que, mais cultivando esse sofrimento, ampliam o morbo que os envenena, envolvendo-se em mais densas trevas que são geradas pela mente inamistosa. Escusando-se sair à luz do entendimento, queixam-se e amparam-se na bengala infeliz da lamentação, mais derrotando-se na luta, porque, no fundo, somente desejam milagres em seu benefício, já que não estão dispostos ao enfrentamento do qual resulta a libertação.

Enquanto a esperança permanecer no sentimento da criatura humana as forças para a atividade terapêutica e produtiva estarão ao seu alcance, sendo sustentadas pela coragem de não ceder lugar ao acomodamento nem ao abandono de si mesmo.

A epidemia de cultivadores injustificáveis do sofrimento é cruel, assolando a sociedade hodierna, que se vê a braços com os grandes desafios das transformações que se impõem em nome do progresso da própria humanidade.

Em legiões, permanecem adormecidos para as necessidades reais, trabalhando em favor do agravamento do estado em que se encontram, ressumando dissabores e fel, com especial habilidade para o descontrole, entregues ao autocídio em que se comprazem.

Anelam pela morte, como forma de libertar-se da melancolia e do marasmo, da desdita que não é tão alarmante quanto a definem, mantendo-se ociosos em relação ao trabalho, que detestam, maldizendo a sorte que lhes parece madrasta.

Cultivar o sofrimento é maneira de fugir-se ao processo de reparação e de crescimento espiritual, atrasando-se na ascensão que adiam...

Este amigo sofre porque o seu passado não foi dos mais felizes. Detalhes e acontecimentos que sucedem com todos indivíduos, nele parecem montanhas intransponíveis, cuja sombra ameaçadora tomba sobre sua vida e a ameaçam de esmagamento próximo com a sua queda inapelável.

Aquele cidadão agarra-se às reminiscências infelizes gerando sentimentos perversos que amplia com a desolação a que se entrega, tendo vida mental ativa e sem disposição para as realizações humanas dignificadoras.

Alguns absorvem os acontecimentos menos felizes dos seus familiares, apegando-se-lhes com avareza e não se permitindo libertação, porque essa é a justificação para ser desditoso.

A morte é sempre responsabilidade pelos sofrimentos que ferem as multidões. Isto porque há uma preferência geral pela ilusão. Todos, porém, quantos nascem encontram-se imediatamente condenados à morte, não havendo razões para surpresas quando a mesma ocorre.

No entanto, sempre se acusa que a famigerada destruidora de enganos visita este e não aquele lar, arrebata tal pessoa e não aqueloutra, conduz saudáveis e deixa doentes...

Como proceder porém, se o fenômeno biológico é irreversível e todos serão vitimados pelo seu processo contínuo?

Eis porque o sofrimento possui a dimensão que cada qual lhe atribui, que aceita por determinar-lhe, que caracteriza a sua maneira de ver.

As dores que a uns estimula à luta de superação, a outros faz sucumbir.

Diz-se que são resultados das resistências morais de cada Espírito. Certamente, que sim, no entanto, as resistências são trabalhadas pelas vivências conseguidas mediante o esforço que se envida pelo conquistá-las, jamais apresentando-se como prêmios indevidos ou conquistas não realizadas.

Considere-se que esse fenômeno é resultado da filosofia de vida que predomina nos grupos sociais e veremos que o hedonismo, o cinismo, o imediatismo, são os estimulantes dessa conduta mórbida muito bem definida como masoquismo.

O masoquista sente-se renovado quando inspira compaixão, esforçando-se para ser desamado, mediante cujo comportamento mais aumenta a sua carga de insatisfação perante a vida e de infelicidade para si mesmo.

Fechado no *paraíso* do sofrimento procura ajuda apenas em aparência, porque não se encontra disposto a movimentar-se em favor da própria renovação interna, mantendo-se surdo às orientações que parecem estar buscando, porque repete sempre toda a litania de misérias e de aborrecimentos de que se vê objeto.

Parece que busca apoio, para ter ensejo de narrar, pela milésima vez, o seu drama, que o torna cada vez mais grave, dizendo que para o seu caso não há jeito, nenhuma solução, remédio algum...

Quer ser lastimado, não orientado, ou gostaria que o seu próximo lhe fizesse a tarefa que se escusa realizar.

É apologista do milagre, acreditando que há duas espécies de sociedade: a dos felizes que olham invejosos e despeitados e a dele, que é de esquecidos, aqueles que não têm direito ao Sol, por isso que se refugiam nos quartos sombrios a fim de que a claridade não os faça despertar do letargo.

Buda recomendava que se procurassem os meios hábeis para a libertação do sofrimento, após examinar-lhe as causas que se encontram sempre no passado atual ou remoto, confirmado por Allan Kardec, nos seus estudos profundos no Espiritismo, demonstrando a anterioridade do Espírito à atual existência e a prevalência da *lei de Causa e Efeito,* como responsável por todos os processos que envolvem o ser humano. Cada criatura é responsável pelo que lhe acontece, devendo investir todos os esforços e habilidades na compreensão dos objetivos existenciais, assim equipando-se de forças para as batalhas que são necessárias para o engrandecimento da vida.

Jesus teve ocasião de identificar esses cultivadores da insensatez, do sofrimento, da indiferença pela grandeza da existência.

Exprobrou a todos aqueles que se detinham na ignorância das Leis de Amor e ensinou-os a viver de maneira digna, de forma que encontrassem o *reino dos Céus* dentro deles mesmos *sem aparências exteriores.*

O sofrimento é, portanto, o cadinho purificador que retira as manchas da alma, a fim de que brilhe a luz de que se constitui, irisando de belezas o próprio ser e atraindo o restante da humanidade na sua direção.

Desilusão

Em linguagem vernácula, desilusão é o ato de desenganar-se, de perder a ilusão, de libertar-se do equívoco dos sentidos.

Encarcerado na vestimenta celular o Espírito possui limitada capacidade de distinguir o real do imaginário, em razão do invólucro de que se utiliza para as experiências do quotidiano.

Emaranhado no cipoal da matéria densa, as percepções mais sutis necessitam de ser exercitadas, de forma que adquiram sensibilidade para a captação do subjetivo, do não corpóreo. Face aos impositivos do processo vital em torno da utilização do corpo e das suas possibilidades para a conquista dos tesouros da inteligência, do amor e da sabedoria, a imantação existente entre o *Ser* e o *Não-Ser* do conceito platônico bloqueia a capacidade de discernimento e de eleição, predominando o instinto que se apega ao que sente, ao que lhe fere os sentidos.

De igual maneira a mente, responsável por essa ilusão e confusão de valores, por hábito nega-se a novos comportamentos que coloquem o indivíduo em contato com a realidade.

Surge, então, a fundamental questão do sofrimento e da felicidade, da dor e do conforto, do mal e do bem-estar, fixados nos fenômenos orgânicos, nas sensações.

Pensando ser a razão essencial da existência o desfrutar de prazeres e de regalias, nem sempre derivados da consciência do dever retamente cumprido, a mente elabora mecanismos escapistas, para prosseguir na ilusão, quando deveria renovar-se, despertando para as manifestações mais profundas do sentimento.

Eis porque, toda vez quando se valoriza em demasia determinada ocorrência a mesma agiganta-se, preenchendo os painéis mentais e exercendo pressão sobre todas as demais manifestações do pensamento, que ficam em plano secundário até o exorbitar do desvario.

São assim que se exteriorizam as paixões perturbadoras, algumas das quais confundidas com o amor e o bem, com a solidariedade e a busca da felicidade, subterfúgios utilizados para ocultar o interesse egoístico e o prazer sensorial.

Cultivada de forma automática a ilusão predomina nos comportamentos humanos, gerando insatisfações e sofrimentos toda vez quando os resultados não atendem as ambições acumuladas e direcionadas para o objetivo mantido em mente.

Por isso, não são poucos os indivíduos que temem a *morte da ilusão*, porque corresponde também à perda do objetivo existencial, das buscas tormentosas, nas quais se perdem nos conflitos, experimentando as aflições disso decorrentes.

O fenômeno direciona-se, ao largo do tempo, e por conseqüência para as dores orgânicas, os processos enfermiços do soma, que ainda estão impregnados do domínio da *mente-sensorial*, incluindo o pavor da morte.

Numa visão profunda em torno da realidade, tudo são ilusões, no plano físico, na conjuntura material.

Desde a condensação da matéria que, *ad infinitum,* volve ao estado de energia sob o comando do *princípio inteligente,* que é o Espírito, o Ser imortal, o impregnar das sensações domina as áreas das emoções oferecendo visão distorcida em torno da realidade.

Mediante a educação do pensamento e a desvalorização dos implementos da ilusão, mesmo as dores mais acerbas perdem a profundidade das suas dilacerações, ensejando um controle racional sobre as suas façanhas angustiantes.

Poderoso na sua emissão de ondas o pensamento consegue mudar a constituição molecular de tudo quanto fere os sentidos, penetrando as mais intrincadas redes materiais, ora eliminando sensações, momentos outros, de acordo com a sua vibração, acrisolando ou piorando as percepções.

Indispensável, sem dúvida, que uma mudança de conceito em torno da vida se torna premente de tal forma que mesmo a morte passe a ser vista como um evento natural, uma *ilusão* a que se atribui significado funesto por apenas roubar à Vida as existências materiais a que todos se apegam.

Mediante essa conceituação libertada da ilusão, o fenômeno biológico da morte adquire um significado mais digno e mais consentâneo com a própria proposta do ser, que imortal transita por experiências humanas, utilizando-se de vestimentas compatíveis com as suas necessidades evolutivas.

A educação do pensamento dilata a capacidade psíquica para continuar percebendo o ser desencarnado, com ele comunicando-se, participando da sua atual situação, ao tempo em que o mesmo permanece no processo de desenvolvimento interior que lhe é proposto no rumo da sua felicidade real.

Essa visão não impede, certamente, que se busque a felicidade na Terra, que se procure minorar os sofrimentos, que se insista na conquista do bem-estar, evitando-se, naturalmente, o apego exagerado aos sentidos, aos gozos, aos prazeres imediatos que logo passam, deixando imensos vazios existenciais e instalando ansiedade, frustração, que terminam por gerar transtornos depressivos de resultados imprevisíveis.

Num mundo transitório, como o é o planeta Terra, tudo é relativo, todas as experiências são breves e sucedem-se, umas às outras, conforme o delineamento e a constância da afeição de que sejam revestidas. Colocadas como essenciais, os valores do Espírito, os princípios éticos, que libertam e aprimoram interiormente, ficam obliterados, quando deverão ser desenvolvidos, a fim de avançarem no mesmo rumo das aspirações do corpo, da mente, nos padrões do equilíbrio, da vivência, sem afadigamento nem loucura.

O homem e a mulher de todos os tempos muito se exaurem pelas coisas vãs, em correria desenfreada pela aquisição do que é substituível e em detrimento do que é primordial. Disto decorrem o cansaço, o amolentamento, o tédio, o desinteresse, tão logo sejam alcançadas as metas que os interessavam ou logradas as conquistas que tinham em mente. Fica-se com muita coisa atulhando armários e espaços, com expressivas contas bancárias, títulos fiduciários, letras e valores outros nas Bolsas de mercado atual e de futuros, porém angustiado ou insatisfeito.

É o resultado da ilusão da posse. A segurança que se pretende conseguir, com esta providência, não evita a solidão interna, o desamor, a amargura, a doença, a morte. Desiludindo-se, isto é, libertando-se da compressão de tudo quanto é efêmero, o ser humano agiganta-se e desenvolve outros sentimentos estruturados na conquista de si mesmo, dos tesouros que lhe dormem desconhecidos, aspirando mais elevadas realizações pessoais, nas quais não haja lugar para o egoísmo, a insensatez do orgulho, os preconceitos, as vacuidades, pois que a sua é uma visão nova do Infinito, do Universo e da Vida, que ora o fascinam, desenvolvendo-lhe o senso ético profundo e o amor em dimensão dantes nunca experimentada, impulsionado pelo Deotropismo para o qual ruma sem cansaço, sem ilusão, com os pés firmes no chão da realidade grandiosa da própria Vida.

Aflições do mundo

O corpo físico pode ser comparado a uma indumentária de aluguel, cuja finalidade primordial é ensejar equipamento próprio para apresentação social. No caso em tela, para a experiência de evolução na Terra.

Portador de complexos equipamentos, possui mecanismos automatistas que remanescem da sua constituição em atavismo de segurança, logrados através dos milênios, quando organizou e desenvolveu os recursos próprios para a sua finalidade, tornando-se portador de incoercível resistência que se reflete na conduta do Espírito que o utiliza.

Caracterizado por necessidades que se encarregam de preservar-lhe a existência, os seus são impulsos e reflexos condicionados uns e naturais outros que, não poucas vezes, predominam na existência humana, quando o ser se permite estacionar no primarismo da condição em que se encontra.

O mundo que o cerca tem sido trabalhado de forma a proporcionar-lhe longevidade, melhor qualidade de vida, acenando-lhe prazeres e comodidades que atraem e agradam, por fazerem parte do campo das múltiplas sensações que o assinalam.

Embora caiba ao Espírito direcionar-lhe a marcha, conduzindo-o no rumo dos objetivos enobrecedores, não pode fugir às suas injunções imperiosas, que são as heranças ancestrais agora transformadas em tendências de gozo e satisfação imediatas, centralizando a atenção nesta busca desesperada.

Como conseqüência exige cuidados especiais e contínuos, a fim de melhor desincumbir-se das relevantes funções para as quais foi estruturado ao largo dos milhões de anos.

Resistente a situações penosas e desgastantes é, ao mesmo tempo, frágil, diante de conflitos e contaminações que o desgastam com muita facilidade. Alimentando-se do ar, da água e dos nutrientes que o revigoram e restauram o equilíbrio, também se sustenta das energias psíquicas que o irrigam de vida ou o vergastam penosamente levando-o à consumpção.

A predominância dos seus impulsos sobre o ser real que o habita tem sido responsável, pela ignorância deste, por quedas espetaculares no abismo dos vícios e das perversões mais cruéis, em cujas labaredas arde dolorosamente.

Submetê-lo a disciplinas educativas, ensejando-lhe mais valiosas possibilidades de preservação dos seus constituintes celulares é dever da consciência, que elabora os métodos de correta aplicação, do que defluem o equilíbrio e o enriquecimento dos significados morais que elevam o ser às cumeadas do progresso.

Sem a exacerbação dos cilícios punitivos, nem o ascetismo do desamor que o castiga, impondo-lhe culpas que não têm procedência, pode transformar-lhe as inclinações negativas ou doentias, viciosas ou primitivas em aptidões para a arte, a beleza, o conhecimento, o bem, o progresso pessoal e coletivo.

As ocorrências, em si mesmas, não são boas nem más, no entanto, há prevalência de efeitos danosos nos atos humanos que conspiram contra a realização plenificadora do indivíduo que se vê coagido a assumir posturas infelizes e perseverar em atitudes inadmissíveis, tendo-se em conta o nível de cultura e ética atingido pela sociedade.

De um lado a incoercível busca do prazer no qual se entorpecem multidões de ansiosos, enquanto que, por outro, a impossibilidade da satisfação de todos os desejos, particularmente os exorbitantes e esdrúxulos, os torpes e mórbidos, empurram outras tantas para os sombrios antros dos transtornos psicológicos, em angústias lamentáveis e em agressividade selvagem.

Os estímulos culturais e sociais induzindo sempre para a conquista externa, para a luxúria e a sensualidade, para o hedonismo desenfreado, atormentam todos aqueles que se encontram nos patamares iniciais do processo de despertamento para a vida, asfixiando-os nos gases letais da ilusão ou estrangulando-os nos fórcipes da revolta por não haverem conseguido tudo a quanto aspiram. Igualmente, diversas correntes religiosas, distantes dos objetivos legítimos do Espiritualismo, investem nas paixões terrenas, erguendo santuários à avareza, ao exibicionismo, entronizando o deus-dinheiro conseguido de qualquer forma, para a felicidade que ele parece proporcionar, lesando milhões de vidas e lesionando incontável número de devotos e crentes fanatizados. Interessados na construção do céu terrestre, apegam-se ao mundo e às suas fantasias, sem nenhuma experiência espiritual que lhes indique o rumo da ascensão.

É compreensível que, para viver-se no mundo, sejam utilizados os mecanismos que lhe dizem respeito. Viver, porém, no mundo e não exclusivamente para o mundo. Fruir as benesses da organização material, tendo-se em vista o futuro inevitável que todos alcançarão despertos ou adormecidos no engodo da transitoriedade de todas as coisas.

Não é justa a opção, anteriormente sustentada por algumas correntes religiosas, de que para amar-se a Deus seria necessário odiar-se o mundo. O ensinamento evangélico propõe que entre uma e outra atitude, optar-se pelo *Reino de Deus* é o ideal, preferindo-se-lhe e ao mundo preterindo-se, não obstante, mantendo-se os vínculos que são inerentes à vida corporal.

Jesus de Nazaré jamais desprezou ou subestimou as dádivas relevantes do abençoado planeta, nunca se recusando à convivência social, religiosa, humana... Participou das bodas em Caná, freqüentou a Sinagoga e o Templo de Jerusalém, aceitou a entrevista com Nicodemos, o almoço na residência de Simão, o leproso, bem como hospedou-se com Zaqueu, o chefe dos publicanos, escandalizando a todos, conviveu com os pobres, os enfermos, os infelizes, mas também foi gentil com todos aqueles que O buscavam, a começar pelo centurião, que lhe fora rogar ajuda para o criado enfermo, jamais fugindo da convivência de todos quantos para os quais viera... Abençoou criancinhas buliçosas, dialogou com a mulher da Samaria, desprezada, com a adúltera que seguia para a lapidação, libertando-a, participou da saudável convivência de Lázaro e suas irmãs em Betânia, aceitou a gentileza da Verônica na *via crucis*, quando Lhe enxugou o suor de sangue...

Jesus tipificou o ser social e humano por excelência, portador de fé inquebrantável, que O sustentou no momento do sacrifício da própria vida, tornando-se, em todos os passos, o Homem Incomparável.

Jamais agrediu o mundo e suas heranças, suas prisões emocionais e paixões servis, seus campeonatos de insensatez, sua crueldade, sua hediondez em alguns momentos, por saber que as ocorrências resultavam da inferioridade moral dos seus habitantes antes que deles mesmos.

Apesar dessa conduta, demonstrou a superioridade do *Reino de Deus*, porque permanente, causal e posterior ao périplo carnal, convidando os homens e as mulheres de pensamento, os que se encontravam saturados e sem roteiro, os sofridos e atormentados à opção libertadora e feliz.

A visão distorcida em torno da vida faz que os indivíduos se apeguem às *distrações*, aos objetos, às pessoas e suas *máscaras,* às posições e aparências, quando os deveriam utilizar-se para avançar, libertando-se de todo tipo de encarceramento, inclusive emocional disfarçado de amor. O ego apaixonado é o responsável pela prevalência dos tormentos, distanciado do ser legítimo, que é o Espírito, fadado à perfeição que o fascina e atrai mesmo quando não se dá conta.

No mundo, com os seus valores impermanentes, o ser espiritual desenvolve as inimagináveis possibilidades de que é possuidor, aprimorando-se e ascendendo no rumo da Grande Luz que o arrebata a pouco e pouco, desde que também ele é constituído de luz na sua expressão mais profunda.

A fatalidade biológica que comanda os mecanismos fisiológicos, desgasta-os, envelhecendo-os, enfermando-os e transformado-se, pela morte, numa transitoriedade inevitável, enquanto o Espírito se liberta e ressuscita, prosseguindo na sua destinação.

Jesus asseverou: *No mundo tereis tribulações: mas tende bom ânimo, eu venci o mundo,* conforme anotou João, no versículo 33 do capítulo 16, o que é muito significativo.

Graças às aflições do mundo, à incompletude de que se revestem as suas ocorrências e necessidades, a cada instante defrontam-se tribulações, sofrimentos que, não obstante, se tornam indispensáveis para a superação dos próprios limites e o anelo pelas aquisições plenas.

O ser necessita do mundo, é incontestável, a fim de beneficiar-se dos fatores ambientais propiciatórios ao seu crescimento, como a semente que deve dormir e *morrer* acondicionada pelos fatores mesológicos para prosseguir vivendo e estuante no futuro vegetar em que se transformará.

Consciente das formosas oportunidades que o mundo lhe proporciona, o ser humano disciplina a vontade e movimenta-se com equilíbrio em todos os misteres que lhe dizem respeito, transformando as experiências negativas em lições de sabedoria, possuindo sem deixar-se possuir, usando os recursos valiosos da existência com respeito e elevação.

Buda afirmava que a vida terrena são apenas sofrimentos, que se expressam, em particular, no ser humano, numa expressão tríplice: sofrer, envelhecer e morrer.

Jesus, por Sua vez, afiançava que o Seu *reino não é deste mundo*, todavia, mediante a utilização dos tesouros que aqui se encontram à disposição, começa-se a sublime aquisição da felicidade porvindoura no *Reino*, de início desapegando-se do veículo de serviço de que se utiliza – o corpo – bem como de tudo aquilo que lhe diz respeito e se lhe torna essencial para a existência da sua impermanência.

Ser livre ou escravo é escolha individual, de acordo com o direcionamento emocional e moral que cada qual se propõe.

A libertação do mundo, porém, torna-se inadiável, embora seja postergada por ignorância ou rebeldia, mas que a realidade se encarrega de impor, em razão da intemporalidade de tudo e da fatalidade das horas na sua sucessão intérmina.

Adquirir-se a consciência dos atos, mediante a reflexão freqüente em torno de tudo quanto se pensa e se realiza, faculta o hábito salutar da morigeração e do equilíbrio, ensejando mais seguros meios para a conquista da liberdade real, aquela que não tem retentivas emocionais com o passado nem se fixa em ansiedade pelo futuro, estimulando e proporcionando a paz em todos os momentos presentes.

Na angústia, a certeza da alegria que virá; no júbilo, a convicção da necessidade de ponderação ante a probabilidade de desafios posteriores; na enfermidade, a esperança da saúde integral, isto é, a mesma serenidade deve ser mantida nos momentos de vitória, de alegria como naqueles de perda, de aparente fracasso, de tristeza, que fazem parte do processo de experiências iluminativas.

O mundo possui os seus atrativos que induzem ao amor, à simplicidade, à ternura, à beleza, à compaixão, à luta de sublimação. Em toda parte nele pulsa a vida estuante em hino de louvor ao Criador, que o elegeu para Escola de bênçãos do Espírito em processo de evolução. As aflições, portanto, no mundo e do mundo, decorrem dos apegos humanos às suas ilusões, às suas fantasias, às suas transitoriedades, não sendo, deste modo, da sua responsabilidade, mas daqueles que se permitem a cegueira em torno da realidade.

Violência humana

Violentia é a palavra latina que se traduz como violência, que foi criada por volta de 1215, para melhor expressar a desrespeitosa utilização da força em detrimento dos direitos do cidadão. Posteriormente, quase trezentos anos transcorridos, passou a significar qualquer tipo de abuso exercido arbitrariamente contra outrem, impondo-lhe a vontade, desconsiderando-lhe os valores e usando a força para submetê-lo cruelmente.

Na atualidade tornou-se uma verdadeira epidemia, transformando-se em constrangimento, agressividade, insulto, dos quais resultem danos psicológicos, morais, sociais, econômicos, materiais e quase sempre culminando em morte.

Por mais se busque justificar os fatores que geram a violência, não existe campo no cérebro humano, de forma alguma constituído para o crime, para o ultraje infeliz, porque é herdeiro de uma ética especial estabelecida pela Vida para preservar as alheias existências humanas assim como a própria.

Sempre que o indivíduo, numa guerra, é conduzido ao homicídio, mesmo que denominado legal, vê-se constrangido, inicialmente, a vencer as barreiras dessa conduta ética, após o que, ocorrido o primeiro, os demais se fazem com menor esforço e sem avaliação de quantidade.

Não é, portanto, a violência, uma situação inerente à condição humana, como se a criatura fosse equipada de mecanismos destruidores para comprazer-se em agredir e matar.

Possivelmente o egoísmo exacerbado impõe-se com predominância, recusando-se à utilização dos recursos dignificadores, porque, na sua paixão desequilibrada, não pensa no seu próximo, senão em si mesmo e nos interesses que lhe dizem respeito.

Os animais inferiores, na escala zoológica, somente matam quando esfaimados ou perseguidos, graças aos instintos de preservação da própria como da vida da prole.

O homem e a mulher, feridos nos sentimentos primevos, que em todos predominam, arbitrariamente sentem-se com o direito de violentar os demais, desarticulando os processos da cultura, da moral, da civilização, de forma que se tornam criminosos espontaneamente mediante desvarios injustificáveis.

Exceção feita aos portadores de psicopatias graves, que são destituídos do senso de discernimento, quase sempre dominados por alucinações e manias de perseguição, o ser humano permite-se a violência quando induzido por estímulos externos que caracterizam as injustiças sociais, a miséria moral, a promiscuidade, a deseducação, o abandono, os tormentos de vária ordem, especialmente de natureza sexual.

Além desses, podem-se apontar outros fatores sociológicos e administrativos, bem como os de planejamento das comunidades, a citar, por exemplo: o ambiente onde se vive, a cultura ancestral e atual, o espaço que diminui em razão da superpopulação, a ampliação dos interesses imediatistas não satisfeitos, a inveja em relação aos poderosos que se permitem quase tudo quanto lhes compraz, os clichês hediondos oferecidos por alguns veículos da comunicação de massa, que tornam heróis aqueles que desrespeitam as leis e ameaçam a sociedade, a indiferença de alguns governantes e a impunidade que grassa dominadora, quase que na mesma escala do terrível flagelo...

A violência, no entanto, irrompe mais flagrante nos lares desajustados, frutos da indiferença de um pelo outro parceiro, que se torna descartável ante a luxúria que toma conta dos relacionamentos, impondo alterações de conduta emocional e variedade de companhia, numa sede perturbadora de novas sensações, sempre resultado de imaturidade psicológica e primitivismo espiritual.

Sob outros aspectos, os pais invigilantes olvidam-se da correta educação da prole, procurando deixá-la aos cuidados de educadores remunerados ou de divertimentos eletrônicos, sem a menor assistência moral que merecem, neles instalando-se, a pouco e pouco, a violência cruel de desenhos animados grosseiros e de mensagens desestruturadoras dos valores sociais e morais. São batalhas incessantes travadas por seres mitológicos interessados em destruir, ora a Terra, noutros momentos o Sistema solar e mesmo as galáxias, provenientes, nessa torpe fantasia de ignotas regiões do Cosmo. Deformados na aparência grotesca e insensíveis na estrutura dos sentimentos, apresentam-se como robôs ou máquinas de extermínio sob o comando de mentes implacáveis que odeiam os seres humanos e desejam usurpar-lhes a morada física, aniquilando-a ou dela se apossando para experiências tenebrosas...

Noutros ensejos são pessoas jovens aturdidas no comércio das licenças morais que se encarregam de diverti-los nos veículos de divulgação massiva, utilizando-se de expedientes da sensualidade chã, sem qualquer preparo pedagógico e sem nenhum conhecimento da psicologia infantil, apelando para o sexo ultrajado e promíscuo, em cujos meandros algumas se encontram perdidas...

Esses mesmos pais, quando pobres e sem discernimento para a educação dos filhos, exorbitam na agressividade, expulsando-os dos superlotados casebres miseráveis, a fim de que consigam, a qualquer preço, a própria sobrevivência nas ruas perigosas do mundo, na prostituição, na droga, na criminalidade...

Algumas mulheres que se tornam mães, despreparadas para o ministério elevado que lhes é imposto, desqualificam-no pela indiferença em relação aos filhos que não desejaram, entregando-os a outras pessoas ou suportando-os com ira e malquerença, neles gerando os sentimentos de raiva e ódio contra a família que não têm e a sociedade na qual projetam os seus conflitos. Noutras circunstâncias, expulsam-

-nos de casa, quando trocam de companheiro, que os não querem ou os maltratam de tal forma que os mesmos se evadem, procurando nas vielas e viadutos das cidades o companheirismo e a existência que lhes são negados no ambiente em que nasceram.

Igualmente, nas favelas amontoadas de construções de tábuas, flandres, caixas de papelão ou plásticos, as crianças desde cedo aprendem mais perversões e experimentam sofrimentos que qualquer outro valor edificante, enrijecendo os sentimentos que se transformam em couraça para a sobrevivência, mutilando-as profundamente e empurrando-as para os crimes a que se entregarão lamentavelmente.

É muito grave o problema da violência, porque vige internamente no coração humano, quando tomado pela inveja ou aturdido pelo sofrimento de qualquer natureza que o propele para o desforço, para a fuga da realidade, para o enfurecimento asselvajado.

Algumas autoridades governamentais apresentam programas de educação superficial ou ilusória que não alcançam as populações miseráveis, que proliferam nos guetos de vergonha, em face da fome, da ausência de socorro à saúde agredida, aos valores da dignidade.

Outrossim, nos grupos sociais mais abastados, pensam muitos genitores que a melhor maneira de preparar os descendentes para galgarem as cumeadas do progresso, é sempre o mais fácil mecanismo de contratar empregados e comprar com brinquedos caros e jogos perigosos as suas consciências, para que entorpecidos não lhes notem a falta no lar, no convívio, nos seus problemas.

A criança é um Espírito portador de muitas experiências transitando no reino infantil, com tendências boas e más, com equipamentos saudáveis ou não, muito necessitada de assistência continuada e de orientação incessante.

Não serão os breves minutos da adulação que corrompe ou da repreensão que resulta do aborrecimento de suportá-la, que irão trabalhar em forma de educação, de conclamação ao equilíbrio e de conscientização dos deveres e responsabilidades que dizem respeito a todas criaturas.

Nessa análise, sucinta embora, não é possível sejam olvidadas as violências governamentais resultantes da indignidade de alguns dirigentes, que desviam as verbas que deveriam ser encaminhadas para os fins específicos para os quais são destinadas, e que lhes servem de base para novas competições eleitoreiras, a fim de permanecerem nos cargos que deslustram com a conduta imoral que se permitem.

Subornadores uns e subornados outros, são invisíveis em plenário ou silenciosos nas assembléias onde se encontram apenas para defender os próprios interesses e nunca os do povo espoliado e vencido nos seus ideais e na sua cidadania.

Da mesma forma, usurpam o poder, lutando para não serem desapiados, utilizando os recursos ignóbeis da desonestidade com que compram os seus pares, prolongando suas infelizes administrações até a exaustão daqueles que lhes sofrem a impiedosa sujeição.

Candidatando-se novamente aos mesmos cargos, dispõem de recursos surrupiados dos cofres públicos para ludibriarem os incautos e ignorantes, que assim são mantidos, a fim de não terem discernimento para perceber as suas tramas e atitudes perversas, reelegendo-se, muitos deles, em razão das promessas mentirosas que fazem, logo abandonadas após as eleições.

Certamente que há exceções dignas de crédito e de respeito, sinalizadas por homens e mulheres portadores de nobres idéias e lutadores incansáveis pelo estabelecimento da justiça social e do equilíbrio entre as criaturas.

O problema, portanto, permanece no indivíduo, na sua herança ancestral, na predominância da sua natureza animal e nas ambições desmedidas que o ensandecem.

Ignorando a realidade da vida imperecível, iludem-se, supondo-se imortais nas roupagens físicas, até quando as enfermidades dilaceradoras, as rebeliões, as traições e a morte lhes arrebatam os cetros de dominadores, transferindo-os para o país da consciência adormecida, que então desperta e cobra a vilania a que se entregaram.

Torna-se urgente a vigência da paz nos corações.

Para que se instale em cada indivíduo, o trabalho deve começar na gestação, através do amor que se expandirá dos pais, da segurança afetiva que seja oferecida desde cedo, mas também, das lições de vida ministradas desde as primeiras horas que se irão insculpir no cérebro em formação.

Falar à criança a respeito de Jesus e de Sua Doutrina, ensinar-lhe o respeito a si mesma como ao seu próximo, a necessidade inevitável do cumprimento dos deveres, mediante o exemplo observado no lar, constitui saudável e valioso recurso para imunizá-la à agressividade que venha a encontrar, possuindo valores para enfrentar os dissabores e desaires que lhe estejam pela frente, compreendendo que a existência na Terra tem a finalidade de aprendizagem, de educação e de refazimento, deste modo, criando condições para um crescimento espiritual feliz.

Quando os homens e as mulheres do mundo compreenderem que o futuro começa neste momento e que a prole que agora nasce é a sociedade de amanhã, logo entenderão que a construção desse porvir está iniciando-se, a eles competindo o trabalho glorioso de desenhar a Nova Humanidade que em breve habitará a Terra, expulsando, por definitivo, a violência e o seu séquito de famigerados companheiros. Até esse momento que se aproxima, seja a não-violência *(ahimsa),* o nosso escudo, o nosso ideal, a nossa proposta, conforme herdamos de Jesus, de Gandhi e de todos os pacificadores de ontem como de hoje...

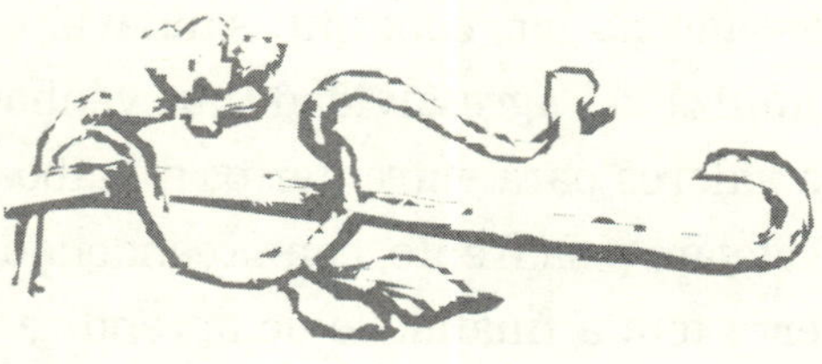

Incerteza

O mundo físico, de acordo com a maneira pela qual o vemos, é impermanente, como tudo quanto contém. Neste sentido, o ser humano, na sua constituição orgânica, experimenta o mesmo fenômeno de impermanência, face às constantes mutações e transformações a que se encontra sujeito, incluindo a desconectação biológica das moléculas através da morte.

A problemática da impermanência é desafio essencial para ser solucionado, de modo que o permanente mereça atenção e estimulação, bases de segurança para o seu desenvolvimento e realização.

A visão da impermanência demonstra que tudo quanto constitui a matéria é irreal, nem para sempre duradouro, induzindo a uma busca da causalidade, daquilo que existe além da forma e da aparência, que termina por demonstrar a presença da Realidade.

Inegavelmente, vive-se a existência da incerteza, da transitoriedade, da forma física que oculta a carga do real e do permanente, da verdade e da certeza momentaneamente não identificados pela construção externa do processo evolutivo dos seres e do pensamento.

Há algum tempo, culturalmente o ser humano se movimentava em um oceano de certezas e de definições, limitado ao conhecido e às percepções dos seus órgãos dos sentidos.

Lentamente, o avanço do conhecimento demonstrou que tudo quanto existe na sua forma percebida é engano do entendimento e da sensação, corroborando a tese de Anaxágoras, quando afirmou *que tudo quanto existe é materialização do invisível*, fundamentando-se numa premissa de legitimidade inequívoca: o mundo real além das percepções físicas.

A ética e a moral estabeleceram suas normas de conduta nesta visão limitada das certezas das Idades Antiga e Média, Moderna e de uma boa parte da atual pós-Moderna, quando começaram a ser demolidos os alicerces que as sustentavam.

Antes mesmo disso, na Grécia antiga, os sofistas já se encarregavam de contestar as tradições e definições finalistas em torno do mundo e dos seres que o habitam. Na Idade Contemporânea, Nietzsche e Sigmund Freud elaboraram alguns pensamentos, demonstrando que, invariavelmente, o ser humano acredita, tem certeza e segurança, somente naquilo que julga mais pertinente aos seus interesses, mais compensador aos seus instintos e desejos pessoais.

A questão do certo e do errado tem sido muito debatida, especialmente por filósofos, sociólogos, religiosos, éticos, e até mesmo físicos quânticos, que procuram demonstrar, nos seus argumentos, que existem fatores culturais, nacionais, geográficos e estruturais, que estabelecem padrões para que o certo – o ético, o moral – e o errado – o perturbador, o agressivo, o desequilibrado – tenham vigência e recebam cidadania cultural.

Tradicionalmente a fé religiosa estabeleceu certezas dogmáticas em torno da vida, da sua origem, da sua finalidade e do seu futuro, não aceitando controvérsia ou dúvida, sempre punidas com severidade e crueza.

À medida, porém, que a Ciência conseguiu arrebentar as amarras que a impediam de investigar, surgiram as primeiras incertezas a respeito das afirmações categóricas do passado, das suas colocações e teses que não suportaram os ventos desagregadores da experiência de laboratório, nem dos fatos. O Universo sempre demonstrou em todos os tempos, e prossegue confirmando, a fragilidade das referências ingênuas das Doutrinas religiosas ortodoxas, bem assim de tudo quanto se pode observar, desmentindo essa certeza predominante. A dúvida passou então a governar o pensamento, e, enquanto o conhecimento tem avançado no rumo das origens, mais detecta os erros crassos das imposições dominantes.

A história fóssil, a documentação antropológica, os fenômenos constatados pela Física e pela Química, as investigações realizadas pela Fisiologia, pela Biologia, pela Embriogenia, mais tarde pelas Ciências Neurológicas e Psicológicas, confirmaram as incertezas em torno especialmente do ser humano, da sua procedência, da sua existência e do seu futuro, no nada – que é inconseqüente – ou na predestinação assinalada pela evolução para o logro de etapas muito mais complexas e harmoniosas, que são as de natureza espiritual.

Como decorrência da incerteza nas mentes nasceu o relativismo dos valores morais, bem como dos procedimentos éticos, que não podem submeter-se a padrões ingênuos, elaborados por obscurantistas, nem desregrados, decorrentes dos utilitaristas e gozadores.

Estabeleceu-se o conceito de que a verdade é aquilo em que o indivíduo acredita ou se lhe torna seguro confirmar, na relatividade da sua capacidade de entendimento do mundo e das suas manifestações.

Abandonou-se a objetividade do que era existente como um dogma, para a subjetividade da emoção, do sentimento de cada um.

De alguma forma, se essa liberdade de pensamento ensejou bem-estar e lícita ação, abriu espaço para a falta de morigeração, de equilíbrio, de definição de conduta, desde que aquilo que se torna credível em um momento, noutro se apresenta totalmente desacreditado, sem significado nem valor.

Os moralistas do passado, observando o desmoronar das suas afirmações, fecharam-se no dogmatismo ultramontano, fugindo a qualquer raciocínio lógico, para prosseguirem nos estreitos limites da intolerância para com os outros e nas atitudes masoquistas em relação a eles próprios. Permanecem na retaguarda da Lei de progresso que é inalienável e inevitável.

Os modernistas, por outro lado, apoiaram-se nos pensamentos de Einstein, na sua informação de que o ser humano sempre está nos limites de algo, dentro de dimensões que lhe estabelecem a finitude, em razão do espaço-tempo, e de Heisenberg no conceito exarado em *O princípio da incerteza*. Na tese einsteniana, afirmam, desaparece o impositivo divino, a destinação fatalista em torno da realidade, que sempre é discutida fora dos limites do fato, do objetivado. Em relação à descoberta de Heisenberg, igualmente acentuam, tudo quanto se pode dimensionar, até mesmo a verdade, não passa de uma resultante do como se observa o mundo e suas leis, as coisas e os fenômenos, bem como das perguntas que se podem propor. Embora sejam colocações respeitáveis as conclusões a que chegaram esses modernistas, não correspondem exatamente ao pensamento original e profundo dos seus autores. Isto porque, para Einstein, existe um *mundo real*, conforme a sua descrição invulgar do espaço-tempo em quatro dimensões, demonstrando que aqueles que se tornam observadores detectam *aspectos da verdade*. Nessa compreensão, o ser humano é também co-criador, finito, participando de uma Realidade Cósmica, Infinita, apenas percebida no seu conjunto por Deus. Por sua vez, Heisenberg assevera que no mundo da realidade quântica existe um potencial infinito, da qual é possível conhecer-se apenas alguns aspectos. Isso equivale estabelecer que um observador, dentro dessa conceituação, é capaz de captar e entender tantos aspectos da verdade quantos lhe estejam ao alcance e propor as perguntas que lhe sejam factíveis apresentar.

Assim sendo, a Ciência procura demonstrar a relatividade do conhecimento em torno da verdade que está além do campo da percepção finita do ser humano.

Ninguém será capaz de conhecer tudo, é certo, cabendo a cada indivíduo o papel de movimentar-se no seu espaço, realizando o melhor que lhe esteja ao alcance, especialmente na conduta ética-moral, que deve ser considerada conforme alguns padrões que têm estado inalterados através dos tempos e das mudanças do pensamento histórico: o *Decálogo de Moisés* e o *Sermão da Montanha* de Jesus-Cristo...

A incerteza que viceja no pensamento moderno cede então lugar à segurança de uma busca, sem ficar-se na borda, na dúvida sistemática, na indefinição ante o princípio do caos e o da ordem que se pode perceber em tudo, facultando o avanço da estabilidade emocional e espiritual da vida.

Por largo tempo se vem asseverando que os sentidos enganam os indivíduos e somente a razão no seu aspecto mais puro pode estabelecer parâmetros de ordem e de equilíbrio para o entendimento da exatidão dos fatos. De certa forma, pode-se pensar assim, sem que, no entanto, se estabeleçam definições concludentes no raciocínio.

Para que uma fé religiosa, por exemplo, possa apresentar a verdade e propor certezas, deve fundamentar-se na exposição filosófica dos seus conteúdos, nos métodos e resultados da investigação científica e na análise racional dos seus parâmetros.

Fundamentar-se em conteúdos que avancem com o pensamento sem alterar as suas estruturas essenciais, constitui-lhe o recurso filosófico mais eficaz para enfrentar a razão na sucessão dos tempos, tornando-se uma *fé legítima*, conforme definiu Allan Kardec em referindo-se à crença verdadeira, aquela que é defendida pelo Espiritismo.

Concomitantemente, o arsenal dos fatos comprovados em laboratório, confirmados à saciedade pela repetição das experiências, em lugares diferentes, através de métodos variados, e a conclusão exposta em um ensinamento universal, estabelecem a procedência dos mesmos, a sua causalidade, que se encontra além das dimensões das barreiras físicas, neste infinito campo de energias e vibrações, no qual tudo se origina, que é o Mundo espiritual.

Demonstrando, por meio de uma variedade incomum de indivíduos que são portadores de faculdades extrafísicas, a procedência dos fenômenos que se operam no campo objetivo, em torno da imortalidade do Espírito, da sua comunicação com as criaturas humanas e da reencarnação, da sua anterioridade à concepção biológica e da sua continuação depois do processo de transformações moleculares, esses postulados passam a merecer consideração ética e formal, filosófica e religiosa, por oferecerem bases para a sublimação dos sentimentos e a erradicação das paixões desenfreadas que exorbitam no caráter e no comportamento.

O Espiritismo, pois, conforme delineado na Codificação pelo eminente Allan Kardec, apresenta-se com todas as características exigíveis para eliminar a incerteza em torno da realidade do ser espiritual que todos somos, da sua preexistência ao berço e da sua sobrevivência ao túmulo, acenando com excelentes possibilidades para alcançar a plenitude ainda na jornada terrestre, prolongando-se pela sucessão dos tempos na Imortalidade.

Durante a jornada terrestre, sim, porque, à medida que os indivíduos se conscientizam dos seus deveres e passam a exercitá-los, experimentam a alegria interior que decorre da consciência em harmonia com os propósitos existenciais, agindo corretamente conforme pensam e sempre avançando na conquista de si mesmos.

A incerteza que campeia em todos os setores da atividade humana, cede então lugar à convicção do sentido da vida, do seu significado e das infinitas possibilidades de realização pessoal de cada indivíduo com vistas à perfeição futura.

Tudo no Universo, portanto, atende às leis de harmonia que o geraram, prosseguindo no cosmo individual de cada ser, apontando-lhe a diretriz de segurança para alcançar a realização a que está destinado.

As certezas que advêm dessa visão complexa e fascinante, tornam-se, a cada momento, mais significativas, porque se transformam em estímulos libertários para o sentimento e a razão, ensejando a sabedoria plenificadora.

O altruísmo

A mente, em razão da ancestralidade do seu desenvolvimento, fixa-se demasiadamente no ego através do cérebro, no qual tem as suas raízes, sendo a sua uma linguagem pertinente aos valores que lhe dizem respeito, permanecendo exclusivista...

Nesse sentido, as suas análises sempre partem do princípio egocêntrico, mantendo os interesses nesse contexto.

Somente quando se dá conta da inexorabilidade do progresso e da necessidade de convivência com o próximo é que altera o comportamento, ensejando-se uma visão menos restrita, não obstante sem a amplitude que seria desejável.

As heranças das construções do instinto que lhe remanescem no *cérebro réptil* fazem que o indivíduo se considere credor de todos os benefícios, sem qualquer compromisso com a sociedade, que irá apresentar-se quando atinja as faixas elevadas do neocórtex, onde estão as delicadas engrenagens que traduzem com segurança as aspirações da beleza, da afetividade e da vida plena.

Enquanto o egoísmo prevalece sobre os sentimentos dignificadores, a sua comunicação é feita de forma dual – eu e tu ou eu e ele, sempre eu e o outro – separando os valores e as aquisições.

Não consegue compreender a unidade que vige em toda parte, tornando pessoas e coisas membros da engrenagem única do Universo, e mesmo quando o entende, aflige-se ante a possibilidade de perder o ego, de ter que repartir, sem a lucidez de que ao tempo em que divide também comparte.

A mente, que produz ansiedade, que vagueia de pensamento em pensamento, buscando o novo, o diferente, proporcionando inquietação, extrapola os limites e perde-se em reflexões negativas, que culminam em depressões ou distúrbios outros não menos inquietantes.

Os impulsos, em forma de arrebatamentos incontroláveis, constituem a sua maneira de agir, embora a área de raciocínio de que se utiliza, podendo constatar o equívoco da conduta, que não o faz, porque a sua é uma razão ainda primitiva, na qual a predominância das paixões é maior do que a dos sentimentos que enobrecem.

Sem estrutura psicológica para a compreensão dos deveres, somente a eles se aferra, quando disso resultam benefícios pessoais, fechando-se sempre num círculo vicioso da egolatria infeliz.

Essa conduta nada tem a ver com as aquisições da inteligência, com os títulos universitários, nem com o destaque na comunidade, que mais contribuem para a sua exaltação, atribuindo-se mais distinções, quando ainda se encontra no patamar egoísta...

As enfermidades, os dissabores, os obstáculos inesperados, as ocorrências penosas, têm por missão despertar o ambicioso, que nem sempre compreende a mensagem subliminal com que os Céus o chamam ao despertamento para a realidade além dos limites pessoais. Não poucas vezes, quando mais apegado à situação egóica, rebela-se e estremunha-se, tornando a situação mais dolorosa, que é transferida para futura existência, quando em injunção realmente angustiante recomeça o caminho e entende o significado das aflições.

A meditação constitui salutar metodologia para a compreensão das finalidades da vida e os seus objetivos grandiosos, merece repetir.

Quando o indivíduo se predispõe à conquista da paz, não tem outra alternativa senão o mergulho na meditação, na busca do seu imenso mundo interior, onde pode repousar e encontrar forças para prosseguir nas lutas que enobrecem.

Desse modo, torna-se-lhe necessário asserenar a mente, controlá-la, fixando um pensamento de cada vez e dele retirando o maior proveito, reflexionando em torno do seu conteúdo, mediante cujo esforço passa a experimentar mais ampla compreensão de que se reveste, diluindo a ansiedade que provocaria.

Porque, talvez, se torne mais complexo este primeiro passo, convém observar-se a própria respiração, o seu ritmo, o bem-estar que pode auferir do processo mantenedor da vida física, sentindo o oxigênio penetrar o organismo.

Concentrado, nesse mecanismo, o pensamento ansioso e inquieto começa a ser decodificado em cada proposta e desfaz-se como a neblina ante o Sol.

Em razão da falta de hábito para a concentração, quando se a inicia, sensações inquietantes se apresentam em variadas formas de comichão, que devem ser atendidas de maneira consciente, tranqüilamente, eliminando-as uma a uma, até adquirir o bem-estar periférico do corpo.

Libertado do incômodo que distrai, o próximo tentame será o de selecionar os pensamentos que se sucedem velozmente, elegendo aqueles que podem contribuir para a harmonia em detrimento daqueloutros que desviam a atenção da meta essencial.

A repetição sistemática do processo lentamente produz calma e estimula ao prosseguimento, oferecendo um método para hábil avaliação dos resultados, que é a constatação do equilíbrio interior, mais amplas possibilidades de quietação emocional, melhor visão a respeito dos problemas existenciais.

Alcançando sempre novas etapas, o inconsciente liberta as impressões perturbadoras e os clichês viciosos, que facultam espaço para a instalação dos novos planos evolutivos, das aspirações superiores, e nesse cometimento se apresenta a necessidade de convivência mais significativa com o próximo, que deixa de ser ele, tornando-se nós, parte integrante dos interesses que devem reger todas as vidas.

A partir desse momento, um novo sentido para a existência se apresenta convidativo e a criatura deixa a posição de usufrutuário, a fim de transformar-se em cooperador ativo, que não medirá esforços para tornar-se membro efetivo da sociedade humana, avançando no rumo da visão cósmica do mundo.

As micromoléculas submetidas à força de coesão que as atrai em torno de um núcleo aglutinam-se e terminam por constituir o Universo, produzindo um campo de perfeita integração, do que resulta a harmonia de tudo e em todos.

Esse sentido de unidade é o sinal do amor do Criador, que se não dissociou da Sua Obra, antes penetrando-a com o hálito da vida que dEle dimana, ao mesmo tempo atraindo-a e mantendo-a sob a vibração da sua Causalidade.

Por isso existe uma interdependência em todas as formas conhecidas ou não, sendo mais significativas nos seres vivos, seja através da lei de destruição, que lhes faculta a renovação, ou de reprodução que enseja sua manifestação incessante.

Esse nascimento do sentido altruísta do ser humano faculta-lhe o empreendimento em favor da completude, em que se sente integrado no contexto da sociedade.

Certamente, a ansiedade desaparece-lhe, ensejando um comportamento de paz e de cooperação, que significa nível elevado do seu processo evolutivo, no rumo da meta encetada.

Quando o altruísmo encontra campo emocional para desenvolver-se, o resultado valioso da conquista não se dá apenas no indivíduo, mas também à sua volta, por gerar simpatia e companheirismo, sem o que se estiolam os mais belos programas em favor do crescimento social da humanidade.

No ensinamento de Jesus, conforme João XV, versículo 5, Ele propõe ser a *videira* e todos sermos as *varas*, ensejando-nos o sentido altruístico mais elevado da existência, porque assim deixamos a máscara da personalidade para nos integrarmos no Seu profundo sentimento de amor, adquirindo, por isso mesmo, expressão de abundante vida eterna.

O convite, sem dúvida, induz-nos à solidariedade com as demais pessoas, através de cuja conduta o altruísmo se instala no sentimento, embelezando o ser, que se despe da tacanhez e da mesquinharia para agigantar-se no trabalho de desenvolvimento de si mesmo e do planeta que habita.

É o egoísmo o comparsa perfeito do ódio, pois que ambos incendeiam o mundo, a fim de desfrutarem do prazer da posse, da satisfação da vitória sobre os demais, olvidando-se que esta é uma glória vã, porque logo advêm a insatisfação, o tédio, o sentido de inutilidade, a morte... Qual a glória de um combate, se o vencedor não dispõe de vencidos que se lhe submetam, daqueles que lhe sirvam e adquiram os seus produtos, ampliando-lhes o poder?!

Da mesma forma acontece com o egoísta, que após a conquista daquilo que anela, dá-se conta de estar com o coração vazio e a alma fria no deserto por onde peregrinou, sem amigos nem companhias. Tudo que pode comprar adquire expressão falsa e temporária, porque logo perde o brilho momentâneo e apresenta-se como um cadáver bem adornado, porém, sem calor nem vida.

O altruísmo arrebata pelo entusiasmo que proporciona, sendo a força que estimula o fraco e dá-lhe mais valor, a fim de que alcance o objetivo do amor, que ergue o santo ao simbólico monte Tabor onde espera ocorrer a sua transfiguração diante do Mestre Sublime, que enriquece de humildade o discípulo que pretende conquistar o conhecimento para esparzi-lo em luz por toda parte combatendo a treva da ignorância...

Arrebatado por tudo quanto pode realizar, o altruísta vence cada vez mais os impulsos perversos, as paixões primitivas, doma os instintos, disciplinando a vontade, e se enriquece, cada vez mais, de saúde moral e espiritual, com que se torna benfeitor de si mesmo e do próximo. Não se faz generoso, porque deseje qualquer tipo de destaque ou de recompensa, antes, torna-se rico de bondade pelo infinito prazer de servir e de auxiliar, dando-se conta que *sempre há mais alegria em dar do que em receber*.

A sua se transforma numa existência valiosa pelo que dispensa, ensejando a todos a vibração ditosa da paz e do bem-estar.

Todos o conhecem, mas o descobrem realmente quando ele abandona o casulo carnal e plana acima das vicissitudes humanas no reino da Espiritualidade Superior.

Allan Kardec, o Missionário da Revelação Espírita, aludiu ao altruísmo de maneiras variadas, quando da proposta em torno do *Trabalho, Solidariedade e Tolerância*, na tríade destacando a representação máxima desse sentido-virtude, pois um postulado ajuda o outro a consumar a sua meta. Igualmente, estabelecendo que *Fora da Caridade não há salvação*, demonstrou que, somente através da superação do egoísmo e dos seus infelizes comparsas, o ser humano atinge o objetivo para o qual se reencarnou na Terra.

O ser íntegro é aquele que, em encontrando o conhecimento, converte-o em sentimento de ampla instrução e educação para as massas que se perdem na ignorância, construindo o templo do altruísmo no coração e tornando-se uma luz acesa no caminho por onde transitam os que se equivocaram e se encontram sem qualquer orientação para seguir adiante.

Esta é a missão do altruísmo.

A busca

Espiritualmente considerada a reencarnação, a sua meta é o encontro com a Realidade, e o meio para consegui-la, é a busca que pode proporcionar o êxito no grande desafio.

Jesus foi peremptório, quando afirmou, conforme anotações de Mateus no capítulo 6, versículo 33: *Mas buscai primeiro o reino de Deus e a perfeição dele (a sua justiça) e todas estas coisas vos serão acrescentadas.*

Trata-se de uma proposta irrecusável, pois que, somente através dessa busca incansável é que se pode viver em justiça, em aperfeiçoamento, e todas as demais necessidades serão atendidas, no momento próprio, porque já não são mais significativas. Ante o essencial, o secundário perde o seu sentido e a sua aparente representação, tornando-se dispensável, portanto, acrescentado sem qualquer esforço, e desinteressante porque sem sentido fundamental. Enquanto se está na ilusão, as distrações agradam e inundam de alegria, mas quando se defronta o verdadeiro, não se dispõem mais de recursos para o preenchimento do vazio interior.

Essa busca é prioritária para quem se encontra em processo de despertamento profundo e real. O ser humano adormecido, porém, compraz-se no jogo enganoso dos sentidos físicos em que se atoleima, sem aspirações qualitativas que o enriqueçam. Absorvido pelas sensações não tem sensibilidade para as emoções libertadoras, satisfazendo-se com os licores que embriagam e entorpecem o discernimento. Transita quase sempre hebetado, destituído de encantamento e sem vida, porque se perdeu a si mesmo no labirinto dos equívocos. Prazerosamente, come e pensa em novos repastos, dorme e se entrega a mais repouso na inutilidade, vivencia o apetite sexual e tem-no cada vez mais açulado e menos gratificante.

A insatisfação e a contínua luta pelo prazer do gozo tornam-no ansioso, insaciável, atirando-o a frustrações, a dores morais e a graves ansiedades.

A busca da Realidade, no entanto, constitui natural motivo de crescimento interior, mediante espontânea entrega ao desapego das atrações do exterior, que anima o apego interior à verdade.

Krishnamurti, no seu diário, em 27 de junho de 1961, com muito equilíbrio e sabedoria define que *o fluxo exterior e interior da existência forma um único movimento. Com a compreensão do mundo exterior, inicia-se o movimento interior, mas não em oposição ou em contradição entre si.* São, portanto, as duas realidades – exterior e interior – uma mesma vibração, porque se interdependem.

À medida que esse ser imerge no oceano interior, os interesses exteriores cedem lugar às conquistas internas e reconfortadoras, enquanto perdem o valor que lhes eram atribuídas as realizações externas, as ilusões tornadas sensações objetivas e palpáveis.

Uma espontânea libertação a respeito de pessoas, títulos, objetos, assim como do egocentrismo e do egoísmo opera-se a pouco e pouco, sem sofrimento nem amargura. A transformação dá-se em clima de amor sem apego, sem dependência, sem sofrimento, porque, sendo verdadeiro, nada exige, tudo concede e felicita-se exatamente por nada impor nem necessitar.

Não pode ser resultado de uma organização programada pelo método racional e frio do cálculo mental em forma de desapego, que se pode converter, quando assim estabelecido, em um tormentoso tipo de vinculação a um objetivo igualmente perturbador.

Trata-se de uma anulação da falsa necessidade de afinidades materiais e ânsias de posses que entulham depósitos e perturbam a tranqüilidade. Tampouco significa o nada ter, atormentando-se ou comprazendo-se na situação de miserabilidade. É um processo de transmudação de interesses e objetivos, de necessidades e experiências, que vão além de tudo quanto abastece e não preenche, para a aquisição daquilo que plenifica e apazigua.

Essa busca de harmonia enseja a percepção de incomum recurso de equilíbrio, que se encontra pairando soberano sem necessidade de definições por meio de palavras. É contrário ao apego – a busca dos preenchimentos da solidão – que significa um meio para fugas ao auto-

-enfrentamento que proporciona a consciência de avaliação de conteúdos em relação à qualidade e durabilidade do que se aspira, do que se pretende possuir, do que se afadiga pelo conseguir...

A solidão, que resulta da necessidade objetiva de presenças, de seguranças e de posses, de dominação e de poder, sempre permanecerá como um vazio interior por mais numerosos sejam as pessoas, os tesouros amoedados, as honrarias e os destaques sociais, por faltar o sentido de plenificação que o exterior nunca é capaz de proporcionar.

O ser essencial não se compadece do que usa, porquanto reconhece que a utilização é fenômeno transitório, diferente da constituição vibratória que lhe é peculiar na condição de energia pensante. A sua é a necessidade de potencializar-se com os recursos compatíveis com a sua assimilação. O que se lhe faz imprescindível é portador das mesmas características e qualidades íntimas, no campo das vibrações transcendentais. Isto porque, traz ínsita a certeza de tudo quanto tem e possui, que deixa, em conseqüência da morte biológica, igualmente outra ilusão, apenas conduzindo aquilo que lhe constitui vigor para a identificação da sua realidade profunda – libertação de todas as coisas – com a integração na grandiosa energia universal.

Allan Kardec aprendeu isso com os Guias da Humanidade, havendo anotado, na resposta à questão 558, de *O Livro dos Espíritos*: "Concorrem (os Espíritos) para a harmonia do Universo, executando as vontades de Deus, cujos ministros eles são."

Posteriormente, na questão 578 da mesma Obra, adiu que poderá falir na sua missão por sua própria culpa, *se não for um Espírito superior*.

Equivale dizer que a preferência pelos interesses de fora, os jogos da mentira e do prazer, respondem pelo fracasso da auto-iluminação, levando o Espírito a falir no ministério para o qual renasceu no corpo, perturbando com essa queda a harmonia do Universo...

Submetido, multimilenarmente, ao mundo exterior, como resultado do seu processo de evolução, este de natureza animal, imediatista, impõe que os seus reflexos e impulsos permaneçam adstritos aos desejos e aos prazeres, ao anseio do não-sofrimento e à posse para dominar, o que pensa facultar-lhe felicidade. Não sendo, porém, o corpo, no qual se movimenta, mas um *feixe de luz pensante*, o exterior condiciona-o ao largo dos séculos à temporalidade da viagem orgânica, sem que o interior se imponha mediante a intemporalidade além de quaisquer dimensões e limites...

Tão ergastulado permanece o Espírito no castelo celular, mesmo quando fora dele pelo impositivo da desencarnação, que retorna inúmeras vezes sob o controle do ego dominador e arbitrário, perverso e insensível, manhoso e escamoteador da verdade, sendo difícil, a princípio, a sua integração com a essência que é na constituição interna que o caracteriza, mediante a diluição dos seus mecanismos de retenção, o que somente pode dar-se pela educação do pensamento e pela disciplina da vontade.

Iniciando-se no silêncio interior e na meditação cada vez mais profunda, desaparece o interesse permanente em torno do exterior enganoso, aprendendo a direcionar o pensamento ao invés de ser por ele conduzido, aspirando à harmonia entre sensação e emoção, para atingir o equilíbrio que nada deseja nem luta por conseguir.

A pouco e pouco descobre que não está buscando a luz, porque é luz, devendo expandi-la, fortalecendo-a com a mente em vibração uníssona com o Cosmo, qual antena que capta a onda e a emite, mantendo neutralidade enquanto desempenha o papel que lhe cabe.

Inicia-se o encontro com o *reino de Deus*, referido por Jesus, destituído de características exteriores, que está no interior de cada ser, razão pela qual se integram esses dois elementos aparentemente antípodas. Sem o trânsito pelo externo, o de fora de onde se vem pelo processo de crescimento, ninguém alcança o interno, que é a meta mais elevada ao alcance do Espírito imortal.

Este processo é penoso muitas vezes, e inevitavelmente a busca leva a um tipo de sofrimento especial, consciente, sem aflição nem angústia, sem desespero nem revolta.

O cérebro, que é ainda muito desconhecido na sua estrutura arquicomplexa e nas suas funções enormemente sutis, não resiste à força que irrompe do interior – das fontes poderosas do ser essencial – e reflete alterações fisiológicas, que se exteriorizam como cefaléias, ausências e mesmo convulsões, face ao vigor da essência que, à semelhança do embrião vegetal, dilacera o envoltório, a fim de eclodir em vida exuberante no mundo exterior. De maneira equivalente, a *luz adormecida* subitamente se inflama e vence o tálamo, *rompendo* as circunvoluções e produzindo dolorosas sensações.

Quando suportadas com resignação e amor, trabalhadas conscientemente e aceitas como mecanismos depuradores, sem as altas doses de substâncias químicas que inibem a *irrupção vulcânica* da Realidade em volumoso *magma incandescente* e impetuoso, uma tranqüila adaptação se opera e, posteriormente, aberto o canal energético para a exteriorização, experimenta-se o *reino do céu,* o *samádi,* ainda relativos, é certo, anunciando como será mais tarde ao ser alcançado o Ilimitado, a Mãe-Pai Universal.

Nesta busca nenhuma preocupação deve delinear-se em relação aos outros, aqueles que são o próximo, a família biológica, a universal.

Esse empenho e luta é individual, intransferível, profundo, sem testemunhas, na soledade do coração e no *deserto* das sensações periféricas e dos interesses sensoriais.

O objetivo é encontrar-se antes de encontrar os demais, é iluminar-se destituído da presunção de oferecer luz aos outros sem que a possua, de purificar-se e tornar-se outra vez *criança*, sem a malícia, as torpezas, os jogos da astúcia comuns na idade adulta, após as lutas e os desaires...

O mergulho é sacrificial, quando se está equipado com os valiosos instrumentos para a sobrevivência, não podendo estar cercado pela multidão ou perdido no vozerio das paixões e dos conflitos amesquinhantes das personalidades enfermas. Sem distrações exige equilíbrio que se consegue em sucessivas experiências nem sempre vitoriosas, mas todas enriquecedoras, a fim de que se possa robustecer e aprimorar, adquirindo primeiro os tesouros da iluminação, para depois reparti-los com todos quantos se aproximarem ou não.

Após essa imersão silenciosa, calma e definidora de rumos espirituais, ocorre a emersão, triunfando sobre si mesmo, iluminado e iluminando, amparando e orientando, sem qualquer tipo de alucinação retributiva, isento do jogo utilitarista e nefário de negociar com Deus, fazendo o bem a fim de receber recompensa pelos bons atos praticados.

Qual um regato tranqüilo que segue o seu curso, somente lhe ouvem o murmurejar das águas aqueles que se lhe acercam e acuram a audição, fascinados com a sua tranqüilidade. Ignoram, sem dúvida, os obstáculos que foram vencidos, os impedimentos que foram ultrapassados, mantendo o objetivo de alcançar o oceano...

O bem, portanto, que fazem ou que farão, não será para fora, desaparecendo do exterior, porque o ser, nesse momento, se transforma no legítimo bem que, do interior esparze em todas as direções a sua mirífica contribuição.

Torna-se uma contínua distensão de segmentos vibratórios, espirituais, inundando de harmonia o Universo.

– *Busca primeiro...*

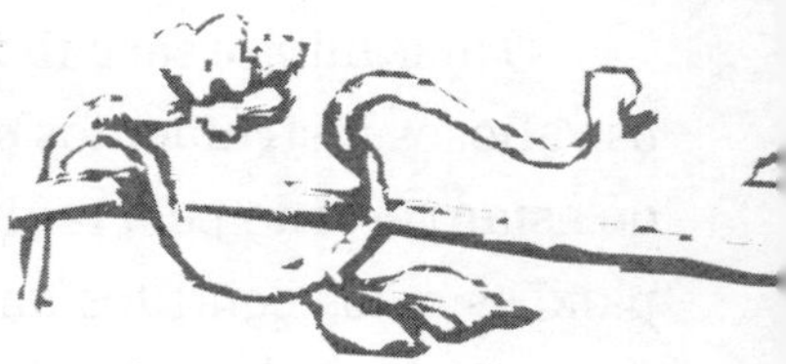

Conquistas internas

A existência física na Terra pode ser caracterizada pelas concessões que a Vida faculta com o objetivo de enriquecer o Espírito durante o seu longo processo de evolução. Constituída por episódios de alegria e de tristeza, de saúde e de enfermidade, de esperança e de desencanto, de sucesso e de fracasso, deve sempre ser avaliada pelo seu conjunto e nunca pelas momentâneas ocorrências, que significam lições de crescimento interior, conforme se façam aproveitadas ou não.

Este fluxo ininterrupto de acontecimentos proporciona o inevitável efeito de que sejam considerados bons ou maus, conforme o agrado – prazer – ou desagrado – mal-estar – que proporcionem.

Vivendo-se na superfície, no exterior da realidade, nos sentidos sensoriais, as emoções também decorrem desses interesses imediatos que parecem definir os rumos de cada comportamento.

Por que sejam satisfatórios para o corpo, o ser real não se dá conta de outras mais significativas conquistas, passando a lutar para que somente aquelas que respondem pelo gozo dos sentidos tenham curso, embora as conseqüências, nem sempre felizes, de que se fazem acompanhar.

Em razão desse interesse, que se torna fascinante, toda a luta do ser humano, com as suas compreensíveis exceções, tem como ponto de convergência os significados externos, como o poder político, econômico, religioso, ou o destaque social, a influência na comunidade, transformando-se em uma fome emocional de mais ter, de mais dominar, de mais destacar-se.

Quando qualquer impedimento se apresenta, dificultando a conquista desse patamar, a porta que se abre na direção da vivência corporal conduz o indivíduo à revolta ou ao desencanto, não raro atirando-o a processos depressivos ou agressivos, como se a única razão de viver fosse o encontro com a satisfação dos instintos, que logo dá lugar a novas necessidades não menos perturbadoras...

Esse procedimento, sem dúvida, resulta do próprio mecanismo e organização do corpo. Constituído por trilhões de células que, por sua vez, são universos miniaturizados, o ser pensa em termos de matéria como sendo tudo aquilo quanto apalpa, sente, percebe, contacta diretamente. O mundo resulta, então, dessa visão comprometida e fora da realidade; mas quando se tem a compreensão da sua constituição energética, sutil e poderosa, impalpável e somente percebida através de outros processos, instrumentos e mecanismos mui especiais, tudo assume significado mui diverso.

Inconscientemente, receia sair da pequenez em que se acolhe e se oculta, contentando-se com a sofreguidão das buscas, encontros e respostas imediatas, não ambicionando a fruição da plenitude, embora ao preço de alguns sacrifícios que lhe são exigidos. Gostaria mesmo que nada mais houvesse além, porque o seu mundo real é o dos sentidos, aquele que cabe na sua dimensão mental.

Narra-se que um peixe ficava sempre deslumbrado quando uma gazela dos prados vinha beber no lago onde ele vivia. Acostumou-se, de tal forma, que um dia se lhe acercou e tentou um diálogo com o belo e veloz animal. Timidamente, depois, sentindo-se aceito, com mais franqueza, interrogou: – "Onde você vive?", ao que o animal respondeu, sorrindo: – "No mundo imenso." Curioso e feliz, voltou a indagar: – "E esse mundo imenso, é do tamanho do meu lago?" "Não, não! – redarguiu a outra, com jovialidade – É muito grande, muito grande mesmo." Algo assustado, o peixinho insistiu: – "Diga-me, por favor, é duas vezes, cinco vezes ou dez vezes maior do que o meu lago?" E ouviu a resposta que o estarreceu: – "É infinitamente maior, sem qualquer possibilidade de ter-se uma medida do seu tamanho." O peixinho, antes sorridente, olhou a gazela feliz, e concluiu o diálogo: – "E você não tem medo de viver nele? Pois eu teria, sim." E mergulhou nas águas amigas, aturdido e desconfiado com o *exagero* daquele animal *presunçoso*.

De igual maneira pensam bilhões de criaturas a respeito do seu mundo, insignificante, limitado, mas que parece atender todas as suas necessidades. Quando têm ensejo de informar-se a respeito da Realidade, das infinitas dimensões da vida e das incalculáveis possibilidades que se lhes encontram ao alcance, temem enfrentá-las, fogem e duvidam, rotulando de presunçosos aqueles que nele crêem, que nele vivem e o amam...

Essa reação decorre das formulações do pensamento. Interrelacionados, mente e pensamento, o que uma aspira o outro modela, trabalhando em conjunto para a concretização no mundo das formas em torno daquilo que constitui aspiração.

Estando o indivíduo limitado ao tempo e espaço lineares, habitua-se às dimensões estreitas da matéria sem dar-se conta das possibilidades enriquecedoras da mente ao expandir-se.

Inadequado ao novo propósito, porque inabitual, teme penetrar no oceano da mente em si mesma, no qual as formulações do pensamento não têm lugar, defrontando novos conceitos e experiências emocionais, psíquicas, transpessoais, que o inundariam de felicidade, de plenitude.

Para que seja factível o descobrimento da realidade, a vivência nessa esfera de onde a vida procede e para onde retorna, surge o enfrentamento entre as paixões e os sentimentos, as formas e a mente, as sensações e a emoção.

Não acostumado ao silêncio verdadeiro, o ser humano adapta-se aos ruídos e vive de maneira semelhante, gerando balbúrdia e inquietação como fenômeno normal da experiência social. Nele predomina uma grande dificuldade para aquietar-se, para auto-encontrar-se, para experimentar harmonia.

De alguma forma vivendo em um laboratório de ação ininterrupta, que é o seu corpo, sob o comando da consciência, mas que, no entanto, funciona por automatismo fisiológico, desde que ainda se encontra adormecida para os valores mais elevados das funções que lhe são destinadas, não sabe aquietar-se, nem trabalhar as funções orgânicas para que se realizem agora sob o comando da mente.

Para consegui-lo, faz-se indispensável a geração de novos hábitos, de reeducação trabalhada nos sentimentos, aliás, fundamental para a existência feliz, iniciando respiração tranqüila, vagarosa, harmônica, propiciadora do equilíbrio fisiopsíquico.

Um corpo saudável resulta também do processo respiratório profundo, revitalizador, de nutrição celular.

Logo depois, é indispensável aquietar o corpo, permanecendo em uma posição agradável, que não predisponha ao sono, mas favoreça o equilíbrio de todas as suas funções.

O pensamento, que está acostumado ao desvairo, como um constante saltador que não permanece em lugar nenhum, Buda chamava-o de *macaquinho louco,* necessita ser disciplinado, acompanhado, de forma que as suas manifestações, a princípio, possam ser acompanhadas, para detê-lo em uma única ordem de idéias.

Como normalmente um pensamento sucede ao outro com velocidade ou lentidão, acompanhar-lhe o fluxo, até procurar deter aquele que lhe parece merecedor de mais acurada investigação, é o objetivo essencial desafiador para o ser em busca de conquistas internas.

Aprendendo a deter um pensamento após o outro, penetra-lhe no conteúdo com melhor capacidade de discernimento, de absorção da energia de que se reveste, passando, então, para outro com os resultados saudáveis de que se revestiu o anterior.

Vale também observar que o pensamento não deve constituir motivo de apego. Logo foi experienciado pela razão, deve deixá-lo diluir-se num campo que abre possibilidades para o surgimento de outro, evitando que deixe resíduos que se confundirão com as novas imagens em delineamento.

Neste fixar de um só pensamento, ou de cada pensamento de uma vez, as sensações habituais cedem lugar a um torpor ou a uma ausência agradável, que facultará o mergulho interior, a reflexão profunda, o descobrimento de valores que permanecem ignorados, mas são essenciais, ao tempo em que dilata o campo das percepções, facultando as experiências transcendentais.

Os ruídos externos não aturdem, porque não são decodificados pelo cérebro, agora em outra dimensão vibratória, percebendo outras faixas e registrando-as para futuras respostas.

Suavemente, um grande silêncio se manifesta no indivíduo e ele penetra-o, observando ocorrências não convencionais, como o *som das luzes* e as *cores dos sons,* inebriando-se e vivenciando esse mundo novo, peculiar, desconhecido até então.

Informa-se sem base lógica ou segura de sustentação que as pessoas acostumadas à meditação, à reflexão vivem sempre sozinhas, retiradas do mundo, introvertidas, o que não corresponde à verdade.

Se alguns antigos cenobitas e ermitãos preferiam *fugir do mundo para encontrarem Deus*, através da mortificação do corpo, dos flagelos e cilícios, como ocorreu na Idade Média, e ressumam em alguns bolsões sociais contemporâneos, não se trata de uma generalidade. Se, por outro lado, alguns mestres e *gurus* elegem a vida silenciosa ou de reclusão, conforme sucedeu por largo período com monges e freiras, isso não significa impositivo único ou essencial.

Enfrentando-se as contribuições da Ciência e da Tecnologia, vivendo-se em sociedade, nada justifica o abandono dos deveres a que se está chamado, para buscas, que podem resultar no escamoteamento do egoísmo sob justificativas apreciáveis, porque a aquisição da sabedoria proporciona enriquecimento pessoal e coletivo, que deve ser esparzido para beneficiar as demais criaturas.

Provavelmente, quem busca o autoconhecimento, deixa de ser bulhento, arrogante, dispersivo, tumultuado, inquieto, extravagante, nunca porém, distante dos outros, pois que sabe viver com todos, embora muitas vezes a sós com Deus.

Santo Agostinho, o grande pensador cristão, e São Tomás de Aquino, nesse mergulho em si mesmo, encontraram as respostas para os desafiadores problemas da teologia e do comportamento, que tiveram dificuldade em escrever, por falta de palavras para traduzir o transcendente, derrapando uma ou outra vez nas formulações limitadoras do pensamento.

São Francisco de Assis, Santa Teresa dÁvila, São João da Cruz, para citarmos somente os expoentes na viagem interior sob os auspícios do pensamento de Jesus, de tal maneira se inebriaram, ao encontrar a Realidade, que lhes constituía sacrifício o retorno ao *mundo menor*.

Meister Ekhart, Rudolf Steiner, Anne Besant, Eliphas Levi, Krishnamurti e numerosos missionários do auto-encontro, identificaram-se de tal forma com o mundo original e energético, que dele retiraram as valiosas lições com que vêm enriquecendo a Humanidade.

Thomas Kempis, Paracelso, Sri. Aurobindo, Swami Vivekananda, Paramahansa Yogananda, Mahatma Gandhi e inúmeros apóstolos que penetraram o incomum Oceano da Sabedoria, transformaram-se em estrelas luminosas apontando rumos aos interessados na identificação da Verdade.

Acima de todos, porém, Jesus, ensinando a necessidade da interiorização, durante quarenta dias e quarenta noites permaneceu a sós com Deus, no silêncio do deserto, em jejum e comunhão com o Universo, a fim de poder enfrentar as multidões famélicas e insatisfeitas que O seguiam ansiosas.

...E sempre que o desespero das massas se fazia mais desesperador, após atendê-las o Mestre Incomum buscava a solidão, a interiorização, o Pai, culminando esse ministério na noite fatídica da traição de Judas, da prisão, que desaguaram no arbitrário julgamento, condenação, morte... e ressurreição.

Allan Kardec, convidado a patrocinar a Era do Espírito Imortal, habilitou-se nos estudos, na investigação da mediunidade, chegou a conclusões valiosas e surpreendentes, fixado no pensamento superior da sobrevivência do ser à disjunção cadavérica, recolhendo-se, como todo missionário e apóstolo, à solidão e à meditação, quando então, inspirado pelos Guias da Humanidade, retornava ao mundo sensorial com as sublimes idéias que exarou na Codificação do Espiritismo.

Esse hábito deu-lhe resistência para os esforços hercúleos que o trabalho lhe exigia, para as lutas encarniçadas que travou, para a paciência quase inesgotável com que tratou os adversários do Bem e detratores da Verdade, nunca se abatendo. Assim permaneceu criando espaços psíquicos especiais para *ver* e *ouvir* a Realidade, conforme a desvela em páginas de esplendente beleza e comovedora narração, coroando-as com a resposta à questão de número 919, de *O Livro dos Espíritos,* a respeito de como se disporia de um meio prático eficaz e seguro para o progresso nesta vida e a aquisição de forças para resistir às tentações que induzem e levam ao mal, havendo recebido a resposta síntese: – *Um sábio da antiguidade vô-lo disse: Conhece-te a ti mesmo.*

Para que o indivíduo logre autoconhecer-se, deverá trazer de existência transata a experiência da interiorização, ou se afadigue por conquistá-la, mediante seguro esforço de auto-incursão no *abismo* do Espírito que é, conscientizando-se dos inestimáveis recursos transcendentais que possui e ainda não soube utilizar.

O maior enriquecimento pessoal, portanto, resulta, quase sempre, das conquistas espirituais, do conhecimento consciente da finalidade existencial e de como retirar os melhores proveitos, tendo os olhos postos no futuro.

O ser humano tem a dimensão da sua capacidade de administrar os desafios e vivenciar as ocorrências do quotidiano, superando aquelas que lhe ensinam a como não mais agir de forma equivocada – e nisso reside a sabedoria que discerne –, facultando a ampliação do conhecimento que ilumina e apazigua, tornando-o realmente feliz.

Já então, não se aflige diante dos sofrimentos nem das amarguras que o assaltam, compreendendo que fazem parte do processo de superação dos instintos para a estabilidade dos sentimentos, com imensas possibilidades da percepção extrafísica, que o põem em contato com o mundo exuberante da Imortalidade. Esse é o mundo cósmico, no qual se encontra o *Reino de Deus*, onde se pode viver o estado de *Nirvana*, o *Paraíso*, referidos pelas diferentes religiões do planeta, mas que para ser conquistado é necessário se faça a fabulosa viagem interna, superando limites e amarras, porque, conforme acentuou Jesus, ele (o *Reino*) está dentro de nós, conforme Lucas, capítulo 11, versículo 17.

Compaixão, amor e caridade

A mente indisciplinada imprime impulsos orgânicos que sempre tendem a produzir sensação, prazer imediato, distante dos sentimentos de compaixão, de amor e de caridade.

Em decorrência da fragmentação da família, nos dias atuais, o ser humano experimenta o individualismo na condição de recurso falso de sobrevivência, sentindo-se desvinculado de responsabilidades domésticas além daquelas que dizem respeito aos compromissos imediatos, sem a efetiva participação emocional. À medida que os filhos crescem, afrouxam-se os vínculos do sentimento e, quando passam a vivenciar algumas experiências ainda juvenis, não poucos são os pais que se sentem desobrigados de orientá-los, assisti-los e participar das suas atividades, do seu processo de amadurecimento.

No inconsciente permanece o desejo quase irrefreado de vê-los seguir adiante, mesmo que desequipados de recursos morais para os enfrentamentos da vida pública. Sempre no aconchego do lar, mesmo naqueles que não possuem maior calor humano, quando subitamente são atirados à liberdade de ação sem freio, comprometem-se lamentavelmente e tombam, imaturos, inexperientes, quase inocentes, na marginalidade, nos vícios que os deterioram interiormente, na alucinação, em sofrimentos que poderiam ser evitados, não fosse a mente dos pais tão calculista e indiferente.

Esperam esses genitores que, liberados dos compromissos com a prole, podem voltar às experiências que as licenças morais da atualidade facultam, e que o não fruir, apresenta-se-lhes como um verdadeiro sofrimento.

Desse modo, liberando os descendentes, sentem-se igualmente descomprometidos para experimentar novos gozos de que se sentiam privados, em razão dos deveres mal cumpridos a que se vinculavam.

Quando, porém, a família torna-se importante para o indivíduo, o sentimento de ternura que nele vige transforma-se em compaixão pelos que sofrem e não possuem uma estrutura equivalente, espraiando-a em forma de amor por todos os seres sencientes, conforme propunha o Buda.

Essa compaixão, que se expressa como sentimento de *não violência*, torna a vida mais digna de ser experimentada em cada capítulo, a cada instante, em todo lugar.

Para que seja lograda, é forçoso reconhecer-se que o homem e a mulher que se empenham por consegui-la devem criar o hábito do relaxamento das tensões em que vivem mergulhados, iniciando-se na concentração dos ideais de engrandecimento humano, para, logo depois, encetarem o nobre exame de si mesmos através da introspecção, que abre espaços para o esvaziamento da mente dos seus embaraços e fixações perturbadoras.

A meditação, vale insistir, será o novo tentame, a fim de poderem fruir de paz e assim retornarem da ventura íntima renovados e ricos de serenidade, com que poderão enfrentar os desafios sem qualquer preocupação, conscientes, porém, de que todas as dificuldades constituem métodos de crescimento interior, desde que sejam bem administradas, para se transformarem em realizações felizes.

A compaixão é um sentimento enriquecedor, especialmente para aquele que a sente, porque se amplia na direção de todos sem qualquer reserva ou discriminação. A vida é o seu campo de ação, no qual se expande como um recurso de paciência e de misericórdia em relação às demais formas consoante se expresse.

Acima da piedade fraternal, a compaixão é mais ampla, podendo ser essa *virtude* ampliada a um grau maior, sem a pena que se dedica a alguém, tornando-o incapaz de levantar-se, quando caído, ou de prosseguir, se desfalecente... A pena, invariavelmente, envolve aquele a quem é dirigida numa vibração de depreciamento, de invalidez, não sendo edificante, porque não vitaliza com esperança o ser necessitado.

Certamente, apiedar-se de alguém significa sentir alguma forma de compaixão, no entanto, quando é esta que toma o coração, irrompe como uma caudal de força que vitaliza e solidariza-se com o outro, que se torna uno com aquele a quem dirige a emoção.

Na Parábola do bom samaritano, nota-se a referência do evangelista, afirmando que o estranho viajante, vendo o homem assaltado, *encheu-se de compaixão*, conforme Lucas capítulo 10, versículo 30, tornando-se o exemplo mais revolucionário de amor e de caridade, nas mais diversas passagens da Boa Nova.

Ele não apenas atendeu o caído, mas o tratou como gostaria de ser tratado, com carinho, com compaixão.

O Mestre Nazareno, porém, preceituou o amor como fundamental e situou-o na mais elevada condição de mediador entre os homens e o Pai, sendo a força transformadora que tudo modifica e salva.

Através do amor o Espírito logra domar a inquietação da mente, submetendo-a aos ditames do sentimento, por que ele ajuda a superar a razão fria, os cálculos dos interesses vis.

Mediante a óptica do amor, o vitorioso é sempre aquele que cede em favor do seu próximo desde que se sinta envolvido pela necessidade de ajudá-lo. É, portanto, mais importante auxiliar do que ser auxiliado, e até mesmo perder, se isso resulta em benefício de outrem em carência ou em desespero.

O amor altera os paradigmas da mente, que se apóia em pressupostos falsos que elege como refúgio, como recurso de segurança, longe dos interesses da solidariedade e do progresso geral.

O amor proporciona à compaixão as excelentes alegrias do bem-fazer e do seguir adiante sem aguardar qualquer tipo de recompensa, qual ocorreu na referida Parábola do bom samaritano. Além de auxiliar o caído, levou-o no seu animal, seguindo, porém, a pé, hospedou-o, pagando as despesas e comprometendo-se a liberar outras quaisquer, que porventura viessem a existir, ao retornar da viagem...

A compaixão converteu-se em amor ao seu próximo como a si mesmo.

Atingindo a culminância do sentimento, Allan Kardec, após ouvir os Espíritos nobres e com eles conviver que guiam a Humanidade, sintetizou todos os postulados do Espiritismo na caridade, *fora* da qual *não há salvação*.

A caridade é o sentimento que se aureola de sublimidade, por sintetizar a compaixão e o amor no seu mais elevado significado, sendo discreta e misericordiosa, rica de abnegação e de paz. Quem a oferece tem as mãos vestidas de bondade, o coração banhado de ternura e a mente dominada pelas luzes do bem que penetra e liberta todos quantos se encontrem escravos de qualquer situação penosa ou afligente.

Ante a caridade, a mente deixa de engendrar mecanismos desculpistas para não servir, abrindo-se para o conhecimento da verdade que já a ilumina, rompendo os grilhões da ignorância que a encarcerava.

Em lugar das intempestivas mudanças de idéias, que se sucedem sem profundidade nem benefício emocional para o ser, surgem as paisagens de alegria e de bem-estar, as visões dos tesouros dantes não detectados.

A compaixão irrompe a qualquer momento especial, em situação específica de dor que chama a atenção, necessitando de expressar-se em solidariedade e entendimento acima das paixões servis.

Enternece, sem diminuir a força do seu poder espiritual, apaziguando as ansiedades pessoais e as do outro.

O amor é trabalhado a longo prazo, de forma que surge e se desenvolve, cresce e fixa-se nos tecidos delicados do Espírito, que se torna cada vez mais elevado, quanto mais ama.

E a caridade, resulta das experiências e ações da compaixão irrestrita e do amor abnegado, que se entrelaçam num único objetivo: tornar felizes todos os seres do mundo e a Terra um verdadeiro paraíso.

Buda mergulhou na meditação e encontrou a paz interior, que se expressou em compaixão, que perdura através dos evos como sendo um dos métodos de crescimento interior no rumo do Infinito.

Jesus-Cristo viveu o amor no seu sentido mais puro e mais profundo, tornando-se o *modelo e guia* jamais ultrapassado.

A Sua doação de amor é o maior investimento da História da Humanidade, o mais rico filão de luz de que se tem notícia.

Ele próprio o declarou: – *Eu sou a luz do mundo, quem me segue de modo algum andará em trevas, mas terá a luz da vida,* segundo anotou João no capítulo 8, versículo 12.

O amor é a luz inapagável que dimana do Pai.

Somente através do amor o ser humano encontrará a razão fundamental da sua existência e do processo da sua evolução.

A caridade, por sua vez, constitui o momento de sabedoria máxima, quando o ser, libertando-se dos liames que o retêm na retaguarda, como decorrência da larga jornada evolutiva, aspira por alcançar o monte da sublimação espiritual, livre de quaisquer impedimentos e leve como a paz em que se deve transformar.

A caridade desvela-lhe o *Cristo interno*, porque o torna essência da Realidade, superior aos fenômenos orgânicos, pairando nas áreas sutis das vibrações sublimes da Espiritualidade.

Toda ascensão tem início nos degraus mais baixos, quando se é vulnerável e tudo depende da primeira tentativa.

O resultado auspicioso do começo emula a novos esforços, que se vão coroando de êxito conforme o empenho e o sacrifício aplicados pelo conseguir-se.

Após os resultados saudáveis de alegria e paz, de bem-estar e ventura que são auspiciados pela busca, o reconhecimento natural pela reflexão que abre as portas da emoção superior, pela meditação que faculta aprofundar a experiência iluminativa, pela ação que é inevitável, como coroamento da infatigável luta de superação do ser inferior que era, faculta a angelitude ao ser que aspira por mais promissoras conquistas.

Um recurso valioso que não pode ser deixado à margem na grande experiência da evolução, no intérmino afã da busca da plenitude, é a oração, que se torna uma ponte de comunicação com a Divindade, que recebendo o apelo de quem a busca responde pela inspiração e vitaliza pela tranqüilidade que se deriva da comunhão superior. Quem não reflexiona, não medita, não ora, não sai com facilidade dos campos vibratórios mais densos que envolvem o planeta, sofrendo a asfixia das paixões servis e dos problemas sem sentido que são criados pela mente vazia de aspirações libertadoras e de ideais felizes.

Consciência

A crise de consciência que envolve o planeta terrestre é resultado da sua perda de significado espiritual, porque o ser humano, saturando-se de tecnologia em fuga declarada à própria espiritualização, já não encontra razão de felicidade nos engenhos em que se emaranha, repetindo-se diariamente sem que possa romper o estreito círculo do poder em que se encarcerou.

Quando lhe são abertas as portas da percepção que faculta mais grave compreensão do mundo e dos seus complexos mecanismos vibratórios, culminando na transcendência do próprio ser, o deslumbramento pelos estados alterados de consciência desviam-no da finalidade essencial que é a sua íntima iluminação.

Fascinado por fenômenos, não excogita de penetrar-lhes as causas, detendo-se apenas na exterioridade e na caça de novas manifestações que o distraem do interesse de considerá-los somente meios e não fins exclusivos para atender aos sentidos.

As investigações que os trazem ao campo dos acontecimentos são invariavelmente aceitas como formulações complexas de representações de imagens arquivadas no inconsciente coletivo ou captadas telepaticamente, sem que alguns dos seus nobres estudiosos compreendam que eles propõem a mensagem de transformação moral para que seja conquistada uma conduta de consciência incomum.

Na área da mediunidade, por exemplo, o fim essencial da manifestação espírita é facultar a constatação da imortalidade da alma e todas as decorrências que lhe dizem respeito, como sejam: a mudança profunda de conduta, tendo em vista o futuro que será conquistado posteriormente; o conforto moral para familiares aflitos, em face do retorno daqueles que eram considerados aniquilados e, no entanto, vivem; a adoção de um comportamento plenificador; o estabelecimento de uma ponte espiritual que faculte o trânsito entre o mundo físico e o transcendental...

Quase sempre, ante o deslumbramento da fenomenologia mediúnica, ocorre o encantamento para a descoberta das incessantes expressões da Realidade, mas não o seu adentramento, a ponto de serem abertos os amplos horizontes renovadores e edificantes de forma que seja possível plasmar através deles a felicidade no quotidiano.

O nível alterado de consciência propicia ao indivíduo o registro de inúmeros acontecimentos fora da área denominada como normal, para ensejar o conhecimento da exuberante vida espiritual e a responsabilidade em torno dos compromissos existenciais que o promovem a níveis sempre mais elevados e sutis, com a eliminação das ilusões e fixações nos atavismos da extravagância e do primitivismo que remanescem na conduta, gerando perturbação, impedimento ao avanço, tédio em torno dos valores éticos já conquistados ou por adquirir.

Sem embargo, através dos tempos, em certos períodos constituíram para alguns um divertimento no qual a frivolidade mais se interessou pela superficialidade da ocorrência sem observância ou aceitação dos seus salutares efeitos morais. Noutros que os precederam foram anotados como interferência demoníaca, muito compatível com a ignorância e o dogmatismo das religiões dominantes, por fim, posteriormente como transtornos de comportamento que exigiam severa terapia psiquiátrica, embora os defensores da tese esdrúxula não soubessem exatamente qual aquela que deveriam aplicar...

Sem embargo, mediante os valiosos recursos da interiorização pessoal consegue-se a superação dos conflitos e a sua correspondente eliminação, ao tempo em que se desdobram os íntimos painéis para vivências mais compatíveis com as aspirações do belo, do edificante e do enriquecedor.

Abrindo-se o infinito horizonte da Realidade ao ser que deambula buscando orientação e certeza, a consciência incomum enseja experiências inabituais e conquistas que não podem ser dimensionadas pelos padrões convencionais, por transcenderem aos elementos conhecidos.

A precipitada diagnose de patologia dessas ocorrências como estados de consciência alterada, e maneira proposital de gerar confusão, proposta por inábeis investigadores da paranormalidade humana ou preconceituosamente assim denominada com objetivos escusos, mediante os quais deseja-se coarctar a sua apresentação, por incoerente e vigorosa negação antecipada.

Os mecanismos que regem o Universo expressam-se em campos faustosos de energia, que passam por variadas formas de manifestação, e que vêm sendo detectados ao longo dos milênios pelos estudos sistemáticos, profundos, desde a observação empírica até à utilização dos recursos da mais sofisticada tecnologia. As leis básicas que os governam multiplicam-se em complexos derivados que os sustentam, gerando galáxias e micropartículas, que sempre resultam das infinitas combinações de ondas e de vibrações.

O Espírito, igualmente, é também uma energia universal, que foi gerado por Deus como todas as outras existentes, sendo porém dotado de pensamento, sendo um *princípio inteligente*, enquanto que todos os demais são extáticos, mecânicos, repetindo-se ininterruptamente desde o primeiro movimento até o jamais derradeiro...

Para poder-se entender essa formulação, torna-se indispensável a expansão da consciência, ampliando-a até além dos limites cerebrais, penetrando os campos específicos onde têm a sua vigência, para ser decodificada pelo pensamento e entendida pela razão.

Muitas vezes, aqueles que se esforçam pela identificação dos parâmetros que delineiam os limites do objetivo e do transcendental, ao consegui-lo, confundem-se com as representações arquetípicas arquivadas e tombam em delírios realmente patológicos, porque desequipados, não possuidores dos instrumentos do conhecimento que discerne e elucida, assim facilitando os transtornos da emoção. Outros tantos, não preparados emocionalmente para a ocorrência, descambam pelos corredores estreitos do fanatismo e perdem-se nas áreas além-fronteiras da realidade em que se devem movimentar. Muitos outros, igualmente estúrdios, transformam esses conteúdos preciosos em jogos da quimera e do espairecimento, permanecendo em devaneios presunçosos, sem responsabilidade nem aproveitamento.

O fenômeno é sempre efeito que necessita ser investigado, a fim de que, remontando-se à causa, seja possível administrá-lo, retirando o melhor proveito possível com o conseqüente enriquecimento da mente e da emoção.

Por largo período, caracterizado pelo materialismo, convencionou-se ser necessário *ver para crer*. Na atualidade, torna-se imprescindível *crer para ver*, assim entendendo qualquer ocorrência sem o miraculoso com que se vestem os fenômenos paranormais, nem o casual, a sincronicidade, embora possam ocorrer, sem possibilidades de anular o fator causal, predeterminante, comprometido com finalidades especiais, porta aberta à percepção do mundo extra-sensorial.

É compreensível, porém, esta conduta, pois que a negação do fenômeno, *ipso facto*, retirando-lhe a causalidade, elimina a responsabilidade em torno dos valores espirituais que devem governar o ser humano em todos os seus momentos.

A consciência adormecida nos painéis cerebrais, sem experiências fora das suas ramificações, permanece sempre no campo do palpável e do limitado, sem capacidade de expansão no rumo de áreas inexploradas e significativas.

No *Mito da caverna,* em *A República*, de Platão, aqueles que se encontravam no mundo de sombras e de projeções', quando buscaram sair na direção da claridade, da realidade, experimentaram momentânea cegueira que os impediu, por um pouco, de contemplar o inabitual, o maravilhoso, o real.

A mesma experiência viveu-a Saulo, o futuro apóstolo Paulo, quando Jesus lhe apareceu em Damasco, perdendo-se no escuro da alma.

Todos aqueles que experienciaram, assim como quantos venham a vivenciar a expansão da consciência, antes de identificar-se com o Uno, debateram-se e estorcegaram-se na sombra espessa, que é herança da ignorância que vai sendo diluída, responsável por esse efeito em razão do choque ante a luz alvinitente e libertadora do Real então desconhecido.

Sem a aquisição do hábito do silêncio interior, da vida interna, da visualização, da meditação que proporciona mudanças na percepção, os fenômenos enredam e conquistam os seus investigadores, que não conseguem romper os limites do transitório e da borda, sem a conquista dos legítimos patrimônios do Espírito.

As momentosas manifestações mediúnicas, celebrizadas por Moisés no Sinai e por Jesus no Tabor, trouxeram para a humanidade lições de incomparável beleza e de profundidade quase indevassada, que somente, a pouco e pouco, vem o espírito humano conseguindo entender.

Os sábios do misticismo e os santos de todos os tempos conseguiram compreender-lhes os conteúdos, porque destituídos de preconceitos e habituados aos maravilhosos momentos de expansão da consciência, puderam captar e entender os objetivos imateriais da existência corporal. Por isso, deixaram trilhas luminosas no pensamento e na conduta, na Ciência e na Arte, que os modernos experimentos confirmam plenamente e sem qualquer reserva.

As pesquisas de Allan Kardec seguiram a mesma sábia metodologia de investigação e análise, de observação e síntese, resultando na Ciência Espírita e na sua multiface de Filosofia e de Religião, pois que os Imortais que a elaboraram e a trouxeram à Terra não tiveram outra, que não fosse a finalidade de preparar o Espírito encarnado para alcançar os níveis morais compatíveis com a evolução que lhe está destinada.

Os fenômenos mediúnicos contribuem para o despertamento em torno de outras dimensões da vida, da sua complexidade, da sua realidade, de onde todos procedem e para onde retornam, assim oferecendo material para reflexão e comportamento que os libertem do impositivo dos renascimentos inferiores, viciosos, das paixões perturbadoras e das pendências do ego, ensejando a liberação das camadas mentais que o intoxicam e o aprisionam nas repetições desnecessárias.

A educação das faculdades mediúnicas proposta pela Codificação tem por meta ampliar a consciência objetiva, favorecê-la com recursos inabituais, a fim de facultar-lhe o adentramento no mundo das causas, de onde retirará sempre os preciosos meios de sublimação e de crescimento do ser humano constituído de energia sutil e luminosa.

Retendo-se o investigador na simples fenomenologia, não consegue sair do seu limite de indivíduo dissociado do conjunto, mergulhado nos mesmos problemas e inquietações, perdendo tempo e desgovernando-se nas aflições da consciência limitada e sem perspectivas. Essa ampliação da consciência proporciona a cura dos desvios de conduta, recupera o patrimônio do conhecimento arquivado na memória perispiritual, enseja a alegria de viver e de enfrentar problemas que deverão ser solucionados e servem para facilitar a ascensão a patamares mais significativos da evolução, por fim, é o objetivo que deve ser perseguido durante a jornada terrestre, sem o que, perderia o seu sentido e significado libertador.

Crise espiritual e de sentimento

O ser humano experiencia na atualidade uma grande crise espiritual, uma perda do sentido transcendente da vida, mergulhado no abismo dos fenômenos sensoriais e das buscas infrutíferas da felicidade.

Tudo reduzindo ao imediato, porque se apoiando nas contribuições dos laboratórios de investigação em torno da sua fisiogenia, vem desestruturando-se psicologicamente, emaranhado nas soluções superficiais dos problemas sem real aprofundamento da sua causalidade.

Demora-se, por conseqüência, na observação rápida dos acontecimentos e permanece-lhe na borda, sem penetrar de forma consciente na gênese existencial, porque decepcionado com as velhas fórmulas religiosas e amargurado com as precipitadas conclusões de algumas áreas do pensamento científico e filosófico, que pretende tudo reduzir ao nada de onde teria surgido.

Constituído, porém, por um imperioso sentimento religioso que nele vige e necessita de combustível para desenvolver-se, infelizmente reluta em pesquisar os valores legítimos ante as promessas e quimeras das alegrias propiciadas pelas facilidades do comportamento no prazer, que sempre deixam ressaibos de insatisfação e de desencanto.

O excesso de tecnologia que orquestrou o mundo com uma verdadeira parafernália de instrumentos que lentamente substituem o próprio ser humano, vem anulando-lhe a capacidade de pensar, de agir, para alcançar acumes que lhe são oferecidos por algumas moedas, no comércio da quase inutilidade, do consumismo desenfreado e malsão.

A comunicação virtual, diante do computador, isolando-o do mundo de relacionamentos humanos, ajuda-o a sonhar e, em delírios inconseqüentes, faculta-lhe viagens para fora, em inquietas conquistas afetivas, porém distantes das pessoas, sem uma correspondente convivência saudável de comunicação emocional. A imaginação substitui a relação pessoal, sensorial, fantasiando a mente com a necessidade de encontrar parceiro ideal, sem a preocupação de, por sua vez, tornar-se esse companheiro para a pessoa a quem busca.

Psicologicamente, a Era Industrial e Tecnológica, mediante indiscutível contribuição de elevada qualidade, assinalou a cultura com novos parâmetros, que passaram a definir a realidade, o objetivo, o palpável, considerando ultramontano tudo aquilo que se faça portador de uma contribuição espiritual, parafísica.

A arrogância de alguns dos seus propugnadores estabeleceu paradigmas a respeito da vida e dos seus significados, que eliminam o ser profundo, relegando ao escárnio qualquer tipo de crença fora dos limites da precipitada conclusão.

Lenta, mas seguramente, uma grande aridez tomou conta do sentimento humano produzindo a dolorosa quão lamentável crise existencial que se expande por toda parte.

A ausência de uma fé religiosa estruturada nas experiências transpessoais vem respondendo pela alucinação individual e coletiva que devasta grande fatia da Humanidade.

De um lado, o fundamentalismo mórbido e anticientífico de algumas Religiões que teimam por combater o Evolucionismo darwiniano, mantendo a tradição bíblica que apresenta o mito necessitado de decodificação para a assimilação do conteúdo arquetípico, como sendo a palavra do próprio Deus em perverso antropomorfismo. E de outro, o igualmente absurdo niilismo.

Quando surgem fundamentos adquiridos na experiência dos laboratórios sugerindo ou confirmando que o ser humano é resultado de um processo antropossociopsicológico desenvolvido através de centenas de milhões de anos, através do qual a *centelha espiritual da vida* adquiriu conhecimento e emoção, imprimindo na matéria razão e sentimento, logo se apresentam os antagonistas de ocasião que asseveram tratar-se do ressumar da cultura da *Idade das Trevas*. Tudo quanto se refere a revelação que proceda da transcendência ao corpo físico passa pelo crivo da suspeição ou do deboche, por tratar-se de ignorância e de teimosia ante as conclusões do moderno pensamento, conforme asseguram sem qualquer preocupação pelo exame do que negam.

Apesar disso, uma análise cuidadosa do patrimônio cultural da Humanidade leva, sem dúvida, a uma postura intelectual, pelo menos de respeito, em relação às Obras de magnitude histórica, filosófica, religiosa, ética e mesmo científica, que são resultados das revelações. *O Livro Tibetano dos Mortos, Os Vedas, O Livro dos Mortos,* dos egípcios, *A Bíblia,* o *Zendavesta,* o *Corão* e muitos outros, retiradas as narrações de ordem política nacional e os enigmas que as vestem, trazem os mesmos conteúdos, que parecem hauridos no *inconsciente coletivo* da conceituação junguiana, todos eles relatados em estados alterados de consciência, em transes, em desdobramentos da personalidade, em comunicação com os Espíritos Guias da sociedade.

Modernas investigações na área da paranormalidade humana confirmam a procedência dessas revelações, demonstrando que a vida não se encontra adstrita ao invólucro material, candidato à desintegração, nunca, porém, ao seu aniquilamento.

A mediunidade, perseguida tenazmente por largo período, conseguiu romper a barreira impeditiva da sua exteriorização e permite-se ser estudada com rigor e critério acadêmico, fazendo que desmoronem os castelos utopistas erguidos pelo materialismo, enquanto confirmando a anterioridade da vida ao modelo orgânico, oferece seguros elementos para a interpretação do enigma do ser, do seu destino, dos sofrimentos, dos desafios que se apresentam por toda parte.

Os irrecusáveis avanços da Psicologia Transpessoal, constatando as causas espirituais dos transtornos de comportamento, têm contribuído eficazmente para mais ampla compreensão dos desvios neuróticos e psicóticos profundos do ser, remontando à reencarnação e às obsessões como inegáveis psicopatogêneses, mediante as quais, constata-se a imortalidade do Espírito, que resiste a qualquer crítica e intransigente posição contrária.

Nesta perspectiva, o sentido existencial direciona o comportamento, proporcionando uma visão otimista da existência humana, que tem por finalidade superar os impedimentos naturais do processo de crescimento e de valorização, com vistas a uma finalidade libertadora dos impositivos que geram dor, aflição, desequilíbrio, responsáveis pela perda dos horizontes felizes.

Anteriormente, essa perda de horizontes deixava plúmbeos os céus da esperança, tomados pelas nuvens do desencanto e da frustração, que decorrem das conquistas imediatas do prazer e do gozo, que logo se consomem, eliminando futuros objetivos que se apresentavam destituídos de significados.

Felizmente, as técnicas da meditação, da ioga, do conhecimento da força da *kundalini,* das terapias de vidas passadas, de *experiências culminantes*, conforme as denominou o psicólogo americano Abraham Maslow, abriram para o ocidente o conhecimento de inumeráveis e valiosos tesouros do misticismo oriental, da sua filosofia espiritualista, dos valores do desapego às coisas e às paixões, enriquecendo a conduta tecnológica através de propostas antiestresse, antiagressividade, antidepressiva, com valiosos processos de relaxamento, de renovação, de encontro com o Eu profundo, de harmonia interior.

A crise de sentimento e de significado que vem dominando as paisagens emocionais e sociais do planeta na atualidade pode ser sustada, a partir do momento quando o indivíduo opte por uma análise mais cuidadosa em torno da vida e das suas experiências no palco terrestre, alterando a conduta filosófica na seleção dos valores que mereçam maior atenção e mais legítimo resultado psicológico e existencial.

Facilmente se descobrirá que essa crise pode igualmente levar a emergências espirituais, através dos surtos de desequilíbrio, das constrições emocionais que desarticulam o ser e o projetam em outras dimensões vibratórias.

Tornando-se a psicologia, a psiquiatria e a psicanálise menos unicistas e tendo a coragem de abrir-se a outras proposições, mesmo que de início não concordando com elas, porém examinando-as com um caráter investigativo, e constatarão de imediato que nem tudo que apresenta características psicóticas se trata de alienação mental, como facilmente vem sendo rotulado.

Descobrirão com os *gurus* e mestres de muitas culturas, *xamãs, místicos* e *feiticeiros,* médiuns e paranormais de todos os tempos, que todos eles são indivíduos portadores de um *sexto sentido*, e que, durante as *crises* de que se fazem objeto, encontram a própria cura para os distúrbios, sem a necessidade de drogas químicas ou outras, porquanto essas ocorrências têm caráter de *emergência espiritual* para o despertamento e utilização das peregrinas faculdades de que são possuidores.

Diminuídos a intolerância e o preconceito em torno do não investigado e pelo *magister dixit* ferreamente negado, apresenta-se excelente oportunidade para auxiliar o ser humano e a sociedade como um todo na solução de muitos dos graves problemas que os afligem, desencadeando a violência no lar, no trabalho, na rua, na comunidade ou o desesperador mergulho no fosso da amargura, na fuga através do suicídio, da alucinação assassina...

Comportamentos, portanto, que durante muito tempo foram considerados como manifestações psicóticas, reduzindo os seus portadores a estados de consciência alterada, se estudados com seriedade e interesse de não os negar, mas de os conhecer, ensejarão eficaz terapia para resolver a crise de sentimento que avassala o mundo contemporâneo.

Por mais que não o queiram alguns agnósticos e materialistas engenhosos, o passado possui os alicerces do presente e deve ser perscrutado, pois que tem muito a ensinar à atualidade, pois que as experiências da cultura dos séculos não passam em vão. Bastem as análises em torno de pressupostos que se encontram nos Vedas, resultado das revelações como da consciência unitária de muitos mestres que penetraram os arcanos do conhecimento e se constatará que muitos dos atuais conhecimentos da Física Quântica, da Astronomia, da Filosofia, da Sociologia, da Psicologia, da Metafísica, foram vivenciados e referidos em momentosas informações que atravessaram os séculos, perfeitamente compatíveis com as conclusões das pesquisas atuais.

Certamente, a linguagem que os veste, às vezes, envolta em símbolos e silogismos, parábolas e *koans,* graças a cujas apresentações resistiram aos embates dos tempos e dos acontecimentos, é que manteve o seu sentido original perfeitamente estabelecido, o que ainda agora produz impacto nos estudiosos.

A crise espiritual, de sentido existencial e comportamental, resultado da descrença e da presunção acadêmica, mediante as propostas da imortalidade do Espírito e do seu processo de evolução, cede lugar a uma atitude de humildade e de reconhecimento, de valorização e respeito com melhor qualidade de vida e mais amplas possibilidades para a conquista do bem-estar. Saindo-se da crise que estarrece a cultura, o ser renovado, agora portador de mais amplos recursos espirituais e paranormais, avança com resolução no projeto de decifração dos enigmas internos que o inquietam, equipado de instrumentos valiosos para a saúde real e a própria iluminação.

Despertamento e transformação

A crise de sentido existencial quase sempre desencadeia uma emergência espiritual inevitável, que decorre do processo da evolução, impulsionando o ser a patamares emocionais mais elevados.

A perda do sentido psicológico, face aos acontecimentos emocionais desgastantes e perturbadores, descaracteriza os objetivos da vida humana, esfacelando os ideais de luta e as aspirações de beleza, que sempre culminam em desarmonias emocionais e tormentos que empurram para torpes alienações mentais.

O vazio que se estabelece no íntimo, tomando os espaços antes preenchidos pelos sentimentos de beleza e pelas emoções que facultam a luta, faz-se abismo sem fundo, parecendo convidar ao mergulho na busca do nada, do aniquilamento impossível da mente, do ser em si mesmo.

O tempo, desqualificado pela falta de significado existencial, prolonga-se indefinidamente, sem futuro, num iníquo suceder, que se expressa como estacionamento na amargura ou no não pensar.

Este grave comportamento pode ensejar uma crise de despertamento espiritual, caso o paciente esteja interessado em libertar-se da situação perversa e experienciar a transformação que advirá após a aceitação dos mecanismos inabituais da religiosidade.

Anteriormente, a sua era uma aceitação negativa da vida, expressando a sua fé em uma não crença na imortalidade, fixada na disjunção dos elementos da suposta realidade palpável com o aniquilamento da transcendência espiritual. Religiosamente entregava-se à autodestruição pela paulatina descrença nos conteúdos do pensamento e dos sentimentos atribuídos à espontaneidade fisiológica, suposta geradora dos fenômenos observáveis, por efeito de caóticas coincidências, que se repetem incessantemente obedecendo, no entanto, a leis que as tornam de sabor eterno.

Essa incongruente visão do mundo e da vida, durante a crise, abre-se em espetáculos de beleza que transcende a capacidade de imediata absorção, dando curso a enfermidades, às vezes, complexas ou a estados de aparência mórbida na personalidade, que necessita depurar-se das fixações anteriores, a fim de assimilar os novos contributos apresentados.

Homens e mulheres que passaram à consideração de místicos e de santos, mestres e *gurus, xamãs* e paranormais de variada classificação, antes de se entregarem ao chamado especial e avassalador experimentaram essas crises de identidade, as convulsões depuradoras que precedem à renovação, os conflitos da emotividade com a conseqüente afirmação de direcionamento do psiquismo aberto a novas dimensões do Universo, em processo de integração e de unidade.

O jovem e mal-intencionado doutor da Lei do Sinédrio, Saulo de Tarso, no ápice da alucinação belicosa contra Jesus, passou pelo imenso choque de desestruturação da personalidade, quando o Mestre lhe surgiu e o estarreceu, demolindo-lhe as construções poderosas da intolerância, do fanatismo, da perversidade... Desmoronado em si mesmo, foi acometido de cegueira, após a grande luz que o arrancou da ignorância, a fim de que experimentasse diversos anos de solidão e de refazimento no deserto de Dan, e mais tarde, sob rude suspeição e profundas amarguras, a fim de tornar-se um com Cristo, que é uno com Deus.

Essa integração começa no *parto* doloroso do despertamento espiritual, para que se desenvolva a vida latente no *feto* – a transformação que se deve operar definitiva – exigindo o desapego à matéria e todos os seus constitutivos emocionais, num antegozo da libertação pura e integração na Consciência Cósmica, sem a perda da sua própria identidade.

São Francisco de Assis padeceu febre e delirou entre o não-ser e o existir, *enlouquecendo* ante as visões que se sucederam, a princípio em sonho, posteriormente em contato direto com a Realidade, despojando-se do que estava, a fim de ressurgir no esplendor que era e arrostar as conseqüências do despertamento espiritual, modificando a história cristã do presente e do futuro em perfeita integração cósmica.

Estranho para os padrões da denominada normalidade social, vivendo avançados estados de consciência espiritual, tornou-se uma chama ardente que fez arder a pompa e a mentira, as vacuidades e as quimeras, vivendo inabitual realidade transpessoal, que se espraiou pela Terra conflituada, em processo de desintegração dos valores elevados da vida.

Aquela transformação exigiu-lhe a alteração da óptica ancestral, passando a uma conduta visionária e penetrante que o induziu a mergulhar no Oceano da Realidade, de onde não mais emergiu...

Teresa dÁvila experienciou enfermidades e dores ultrizes que a induziram ao mergulho interior, desconectando-se das fixações e necessidades convencionais do corpo e dos interesses imediatos, para poder adentrar-se na nova esfera de emoções e de percepções extrafísicas, participando da substância das causas no campo da energia, a fim de retornar aos choques das vibrações físicas, sem afastar-se das fontes de força que a vitalizavam.

A transformação que se lhe operou foi acompanhada de tormentos e de ansiedades, de testemunhos e renúncias, até o momento em que, totalmente livre das injunções penosas, viveu porque *morta* para as questões do mundo e *morta* porque se encontrava viva e triunfante acima dos limites do cárcere orgânico.

Quase *alienada*, em razão dos êxtases que a dominavam, conseguiu harmonizar o *mundo* que devia modificar com a *Espiritualidade* que se encarregou de demonstrar.

São João da Cruz viveu *a noite escura da alma* até ser clareado pela Divina Presença e permanecer na cegueira decorrente do excesso de luz que o venceu na obstinação do corpo, que tentava predominar sobre a emergente espiritualização a que se destinava.

Superou, então, as paixões asselvajadas que remanesciam no seu organismo fisiológico, admitindo-se abandono de tudo para vivenciar Deus, embora as atitudes estranhas e algumas esquisitices ou excentricidades de conduta, logrando a integração na Plenitude.

Assim tem sido com os santos e os mártires do Cristianismo, mas também com cientistas e pensadores, artistas e cultores do conhecimento, que imergem no ideal e perdem o contato com o exterior, a fim de poderem arrancar dos arcanos do *mundo das idéias* as obras que vislumbram e sentem, a princípio em desenhos indefinidos, sem contornos, porém fortes de tal forma que os dominam e os arrebatam.

Sempre quando alcançam defini-las e concretizá-las apresentam-se exaustos, mas felizes, modificados e sonhadores com outras e novas possibilidades que pretendem desenvolver e alcançar em forma de metas atraentes, que tomam conta das suas existências.

No passado, não foi diferente esse despertar espiritual.

Aristóteles referiu-se que Sócrates e Platão eram tomados periodicamente de melancolia, adentrando-se no estranho e abissal mundo do silêncio e do isolamento, a fim de serem inspirados pelos deuses.

O príncipe Sidarta Gautama sofreu a frustração de uma existência nababesca e vazia de sentido, atormentando-se para vencer a mente em desvario por longos anos, utilizando-se de técnicas externas, até que, dominado pelo abandono de si mesmo e superando os limites fisiológicos alcançou o patamar no *Nirvana,* iluminando-se, tornando-se Buda.

Perseguido, caluniado, tranqüilo porém, sublimou-se no Encontro Cósmico e deixou de viver para existir...

Com Maomé, o despertar espiritual apresentou-se nas fortes crises epileptiformes que o exauriam, até que se pôde libertar parcialmente das amarras orgânicas e, em espírito, viveu a Imortalidade, trazendo as lições libertadoras do Corão, que ele próprio não soube preservar numa vivência pura, em razão da imposição dos desejos que remanesceram no corpo encharcado de paixões...

Todo despertar espiritual é também uma forma de crise existencial, face à mudança de conceitos e de valores, de aspirações e vivências que se relacionam com o ser físico, mas também com o Espírito imortal, produzindo alterações dilaceradoras na primeira fase, a fim de romper a couraça do ego apaixonado e transmudar o sentimento em relação à vida perene.

Moisés ardeu na sarça, a fim de poder inspirar-se pelo Amor e receber o Decálogo.

...Jesus, porém, que se encontrava desperto espiritualmente e em união perene com Deus, no Tabor esplendeu em radiosa luz, ante os discípulos deslumbrados, ao ser homenageado pelo Legislador do povo hebreu e pelo seu profeta Elias, o anunciador da Sua chegada.

Diferem, em razão dos estágios evolutivos, as emergências espirituais.

Quem se encontre confuso no estertor agônico do corpo e das suas imposições enfrenta o despertar com alterações profundas de emoção e de conduta, rompendo com os envoltórios perversos da animalidade, a fim de alcançar as Esferas da harmonia que o aguardam. No entanto, aquele que já vivencia a consciência da sua realidade transita pelos diferentes níveis e círculos espirituais com tranqüilidade e alegria, por não enfrentar dificuldades internas, portanto, sem impedimentos exteriores.

A conquista dos tesouros espirituais é inadiável e, nesta emergência espiritual em que vivem a Terra e suas criaturas, em forma de crises de todo jaez, amanhece uma etapa diferente do processo da evolução. Esse acontecimento faculta o entendimento real da vida e quais as possibilidades infinitas de que se dispõe para ser feliz, vivendo o mundo sem a ele escravizar-se, fomentando o progresso, não se limitando às aspirações explicitamente políticas, sociais, religiosas particularistas, mas entregando-se à religiosidade que estua em todos os campos em que se movimentam.

O despertamento é inevitavelmente precedido de aflições e de mudanças de clima psíquico, mas a transformação que se operará não ficará na borda, conduzindo ao centro das realizações internas e comportamentais, de forma tal que se possa movimentar nos limites do corpo somático e fora dele em dimensões mais aprazíveis e plenificadoras, que lhe facultarão os elementos de sustentação da audácia revolucionária.

Mesmo que a teimosia lamentável do materialismo persista impondo-se como sendo a realidade, os fenômenos de emergência espiritual e transformação profunda do ser acontecerão, alterando a face da sociedade que então se verá conduzida a uma grandiosa alteração de propósitos em razão dos paradigmas espirituais governando os destinos e propiciando harmonia que suplanta a guerra e a loucura que grassam, momentaneamente, em dominação.

Impedimentos à iluminação

Considerada a vida uma sublime concessão de Deus, que se apresenta no corpo e fora dele, preexistindo-o e sobrevivendo-o, poder-se-á melhor enfrentar os desafios existenciais e as dificuldades que surgem, quando na busca da auto-iluminação. Como se fosse uma roda que, após dado o primeiro impulso gira ininterruptamente enquanto haja a força que a acionou, as reencarnações também assim sucedem-se ao influxo da energia correspondente ao processo de evolução de que o Espírito se faz portador. Libertar-se desse círculo vicioso do ir-e-vir sem a aquisição de valores é o compromisso que se tem em pauta para conseguir.

Cada etapa vencida enseja um novo ciclo a desenvolver, numa espiral infinita que enriquece o ser de sabedoria e de luz, propiciando-lhe a plena superação dos remanescentes do primarismo por onde transitou automaticamente até o momento em que adquiriu a razão, empolgando-se pelas probabilidades fascinantes de alcançar novo grau mais nobre e felicitador. Todavia, nesse cometimento ascendente, permanecem-lhe os condicionamentos e as heranças da educação vivenciada nos diversos estágios passados, ou mesmo os tabus e informações tradicionais destituídos de significado, que se expressam em forma de medo, de violência, de sensualidade, fazendo que a mente crie mecanismos de ilusão ou de fuga, portadores da expressiva perturbação que atemoriza sem dar ensejo de liberdade.

O medo, que é uma construção mental do intelecto, apresenta-se com todo o séquito de imagens cultivadas largamente e jamais enfrentadas, que se transformam em mecanismos tormentosos de pavor, sem favorecerem as energias capazes de superá-lo. Sendo resultado da ignorância da realidade, consome valiosos recursos de forças emocionais que poderiam ser canalizadas para o equilíbrio e a coragem, facultando melhor compreensão da oportunidade de desenvolvimento do ser integral.

Vivenciado emocionalmente, somente quando desestruturado através da reflexão e da meditação profunda dilui-se, cedendo lugar a um estado de paz interior, que estimula ao contínuo avanço e busca de experiências iluminativas. Toda a corte que o segue, formando os estados de terror decorrentes das perdas: do trabalho, do afeto, da família, da saúde, do dinheiro, da traição e da morte, desfaz-se como neblina ante o sol da realidade espiritual que se é, em detrimento da aparência orgânica em que se encontra.

Somente através de uma análise bem direcionada é que se pode compreender que o medo não tem sentido, mas exerce terrível pressão sobre o indivíduo, conduzindo-o, em determinadas situações, a estados paroxísticos e alucinantes.

Tem-se medo pelo que se ignora, especialmente se a tradição o envolveu nos mitos que remanescem no inconsciente, tomando forma de fantasma destruidor, sempre em busca de mais recentes vítimas para devorá-las. A sua psicologia aturde a organização fisiológica, que dispara hormônios e neuropeptídeos na corrente sanguínea, invadindo todo o corpo que lhe cede à presença transformadora.

O medo desencadeia a violência que jaz adormecida como herança animal, aguardando o ensejo de desvelar-se e agredir, mesmo que gerando mecanismos autodestrutivos também naquele que se faz rebelde ou agressor. Criado pelo intelecto, sim, porquanto a criança, que ainda não foi intimidada, não havendo construído imagens mentais afligentes, não tem medo. Quando os adultos lhe apresentam as idéias afligentes, desenhando-lhe nos painéis mentais os clichês que caracterizam o medo, ei-lo que se lhe instala.

Pode-se considerar esse sentimento como fundamental, no que concerne a impedir o desenvolvimento espiritual do ser, porquanto é diluente de muitos valores que estimulam o crescimento interior.

A violência, igualmente herança degenerativa do pretérito, que ainda predomina em a natureza animal de que se reveste o indivíduo, irrompe, sempre que surge ocasião, com ou sem justificação, como se justificativa alguma houvesse para que retorne ao comportamento da barbárie por onde transitou e de que já se deveria ter liberado.

Essa violência, que grassa desenfreada sob os estímulos da emoção desarmonizada, necessita ser canalizada para o amor, porquanto a sua é uma força caudalosa que, à semelhança de uma corrente líquida bem aproveitada, movimenta turbinas e gera eletricidade.

Normalmente frustrado, o ser que ainda não se dispôs à iluminação desconhece o bem-estar que se deriva do estado de harmonia. Ela proporciona aspirações mais elevadas e faculta a identificação da beleza em tudo, fundamental para a existência tornar-se mais enriquecida.

Para quem cultiva o medo e a violência, o ser equilibrado semelha-se a um alienado, porquanto se expressa e se apresenta diferente do biótipo social comum.

Essa conduta faz recordar a história de um rei, que era pródigo e muito amado, não apenas pelos seus súditos, mas também pelos povos vizinhos. A sua generosidade e sensatez chamavam a atenção de todos que nele buscavam inspiração para tornarem suas vidas mais significativas. Oportunamente, lavrou uma desgraça no país e a água de que se utilizavam as pessoas ficou poluída. Porque todos a absorvessem e a utilizassem para as suas necessidades, foram acometidos de um desequilíbrio incomum, ficando todos transtornados. Certo dia, porém, o rei desceu da colina onde residia e onde se encontrava uma nascente que permaneceu pura, e quase não foi reconhecido pelo seu povo, porque o seu comportamento era diferente do que ora se vivenciava. Começou a ser desprezado, criticado acidamente e mesmo antagonizado. Porque se demorasse na área da contaminação, terminou por sorver também da água e, logo depois, apresentou-se com o mesmo desequilíbrio, o que agradou imensamente a todos, porque agora ele houvera, sim, recuperado a razão.

Vivendo quase que exclusivamente na área das experiências sensoriais, o violento, como o sensualista, acredita-se credor de todas as concessões, devendo apenas desfrutar dos patrimônios da vida, sem a preocupação de retribuir, exceto quando tem em vista auferir novos benefícios posteriormente. Sempre exigente, é caprichoso, e embora tenha rasgos de emoção, igualmente descontrolada, faz-se agressivo diante da menor contrariedade. Essa instabilidade, que lhe caracteriza o comportamento, responde pelos seus transtornos íntimos, que terminam por exauri-lo e vitimá-lo.

A sensualidade, por sua vez, arraigada na conduta e vivenciada através de aspirações descabidas, atira-o nos abismos do sexo pervertido, do prazer exorbitante, dos gozos, cada vez mais refinados uns, grosseiros outros, produzindo tormentos que se avolumam sem controle, à medida que aumenta a caça pelo inusitado, pelo exótico...

O sensualista vive na dependência do que anela, sempre insatisfeito, em razão do que já vivenciou e ansioso pelo que pensa poder deliciar-se. A sua existência se movimentar-se em torno do que lhe proporciona fruição, satisfação dos instintos e dos desejos descontrolados. Quase sempre narcisista, vive em função do ego, como se fosse destituído dos valores que acrisolam e tornam a vida significativa, oferecendo os recursos para a plenificação na Eternidade.

Esses perversos inimigos da alma humana multiplicam-se em outras expressões, desequilibrando comportamentos que poderiam ser de grande valia para a felicidade, gerando conflitos que entorpecem os sentimentos ou produzem lutas acerbas entre os grupos sociais, devorando vidas que perdem o sentido existencial...

Porque não exigem qualquer controle para exteriorizar-se, facilmente instalam-se no indivíduo como na sociedade, dando a impressão de ser essa a meta que se deve alcançar: o prazer, mesmo que irracional.

É inevitável que o ser humano se volte para a aquisição da consciência de si mesmo, da auto-iluminação, da realização total a que se encontra destinado.

Saturando-se da repetição dos fenômenos orgânicos que traduzem o gozo, passa a experimentar o tédio, a ausência de objetivo vivencial e, mesmo sem dar-se conta, é induzido à reflexão, à busca de novas rotinas, de novos descobrimentos.

A meditação torna-se-lhe a fonte inexaurível de lenitivos para as angústias, de segura orientação para as necessidades de afirmação, de veículo para o encontro com o Espírito que é. Lentamente, emoções até então desconhecidas apresentam-se convidativas a mais amplas experiências, que o irão estimulando a avançar na laboriosa conquista interna. Todos os tesouros, que antes supunha ambicionar, quando perdido no labirinto da ilusão das coisas, cedem lugar à liberação da posse, ao desprendimento, ao anelo pelos diferentes e compensadores estados dalma, como o repouso, a harmonia, a vibração de inefável bem-estar, as percepções extrafísicas que o deslumbrarão, emulando-o ao prosseguimento da marcha evolutiva a qualquer custo.

O medo, antes acalentado, em torno do desconhecido, dilui-se, porque passa a entender os mecanismos da vida e todas as suas implicações, as circunstâncias que envolvem os acontecimentos e a razão por que os mesmos com estas características se apresentam.

O conhecimento das possibilidades que se lhe encontram latentes auxilia-o no despertamento necessário, e todo ele se transforma em uma fonte de energia iluminativa que o promove e o dignifica ininterruptamente.

Esse recolhimento interno, que favorece o encontro com a Realidade, resulta de uma premente necessidade espiritual, que já não se satisfaz com os invólucros externos da realização pelo gozo e pela posse, nos quais se afadiga sem resultados compensadores, porque sai de uma para outra aflição, cada vez mais insaciado.

É natural que, nas experiências iniciais da viagem interior, o pensamento desacostumado à fixação de um objetivo iluminativo, em razão da multiplicidade de anseios, encontre dificuldades compreensíveis. No entanto, à medida que se firma o interesse e se estabelecem definições, uma nova ordem de valores passa a predominar na área mental, ampliando o significado de cada um deles, tornando-se direção equilibrada para o silêncio que se fará após a contínua experimentação.

Neste silêncio, que não será um vazio mental, senão uma tranqüilidade significativa, os arquivos do inconsciente atual, a princípio, e do profundo, posteriormente, serão trazidos à consciência, que os absorverá, eliminando-os até o momento quando se apresentarão percepções paranormais, que ensejarão contatos mediúnicos de real significado e legítimo valor.

O objetivo, porém, dessa busca profunda, transcende às comunicações de ordem parapsíquica, abrangendo as de caráter mediúnico, que terão ensejo de se manifestar sob outras condições mais adequadas, a fim de que não desviem a atenção do objetivo primordial, que são a aquisição do autoconhecimento e dos mecanismos próprios para libertar-se das injunções penosas, que vêm atando o ser às perversas situações de atraso moral e de impedimento espiritual para a ascensão.

Todo aquele que empreende a viagem da auto-iluminação deve revestir-se de coragem e de discernimento para que não se permita engolfar pelo maravilhoso, pelo parafísico, pelas ilusões do gozo hedonista, insistindo, sem cansaço, para atingir a meta a que se propõe.

Não se trata de uma experiência que exija sacrifícios, não obstante, se imponha como uma proposta que somente pode ser conseguida mediante o esforço e a tenacidade, considerando-se as antigas viciações mentais e emocionais, ante a nova circunstância que surge propiciadora da felicidade real.

Auto-iluminado, o ser atinge o estado de consciência cósmica, quando então conseguirá romper as algemas dos sentidos sensoriais para planar em outras dimensões, nas quais os sofrimentos e os dissabores deixam de possuir os significados convencionais, perturbadores.

Aquele que se encontra desperto para tal cometimento, após iluminar-se, encontra Deus no seu mundo interior e nEle compraz-se, não esquecendo as demais criaturas que se encontram na retaguarda, empenhando-se por alçá-las também a níveis mais nobres de realização pessoal.

Auto-iluminação

Ao largo das experiências evolutivas o ser humano vem deixando para mais tarde o imperativo da libertação dos carmas dilaceradores, porque se tem preocupado exclusivamente com aquilo que diz respeito aos sentidos físicos, às sensações, aos prazeres imediatos.

Repetindo existências que se perdem no ópio das ilusões, as suas têm sido jornadas de idas-e-vindas – Erraticidade, plano físico, Erraticidade – sem que apresente conquistas significativas no mapa do seu desenvolvimento espiritual.

Experimentando dores e superlativas aflições, anela pela paz e pela felicidade, que se lhe apresentam distantes e difíceis de ser conquistadas.

Isto porque não se tem preocupado com a auto-iluminação, a superação da sombra que lhe domina as paisagens emocionais, perturbando-lhe os movimentos que levam à liberdade real.

Desse modo, a busca do autoconhecimento, da iluminação íntima torna-se impostergável.

Desafiadora, tem permanecido em plano secundário, nas sucessivas jornadas carnais, porque os vínculos dos atavismos do processo biológico da evolução permanecem dominadores, mantendo-o em atitudes imediatistas, permissivas-compulsivas, sem o discernimento para eleger com segurança o fundamental ante a abrangência do secundário que orienta sua mente, suas aspirações.

Quase que totalmente encarcerado na masmorra do ego, apenas vislumbra as grandiosas significações da iluminação interior, sem a coragem para romper com os impedimentos e avançar na direção que lhe deveria ser a aspiração máxima.

Aparentemente, tudo gira à sua volta tentando-o, retendo-o no labirinto da incerteza, nas malhas do prazer absorvente. Somente quando lhe ocorrem os fenômenos do sofrimento e das decepções que se avolumam, é que lhe surgem anelos pela iluminação que poderia superar as injunções que considera perversas ou inditosas no processo existencial.

A consciência da imortalidade constitui, no entanto, o único móvel da jornada terrestre, a fim de facultar ao Espírito amealhar os tesouros inapreciáveis da harmonia e da saúde integral.

Predominando-lhe ainda no comportamento os impositivos estabelecidos pelo envoltório da personalidade, escamoteia habilmente os ideais superiores e transfere-os para mais tarde quando, talvez, se lhe tornará tarde demais.

A auto-iluminação é um processo de busca silenciosa e complexa, mediante o mergulho no oceano do Eu profundo, do *Cristo interno*, onde encontrará a realização pessoal, descobrindo o essencial e compreendendo a futilidade dos fenômenos secundários, que lhe entorpecem o discernimento a desserviço da sua plenitude.

Silêncio, disciplina, exercício mental, de forma que possa *domar* e centralizar o pensamento em idéias libertadoras, constituem a metodologia para o avanço pelas trilhas estreitas da autoconquista.

À medida que aprofunda a meditação, as manifestações sensoriais cedem lugar a percepções transcendentais mais arrebatadoras e significativas, que lhe passam a constituir motivo de vida e de luta. Não se trata de conseguir poderes paranormais, conhecimentos profundos que lhe exalcem a vaidade, recursos para destacar-se no convívio social, tornando-se mestre ou *guru*, médium especial ou mágico de ocasião, mas de sensibilizar-se com as energias que procedem da Realidade Superior, impregnando-se de significado e de paz, que ultrapassam as fronteiras do já experimentado, daquilo que produz fadiga ou resvala no tédio.

Detectando os intrincados cipoais em que se encontra envolvido, deslinda-se, a pouco e pouco, da constrição opressora das paixões, distendendo os seus espaços emocionais para aspirações mais complexas e compensadoras, porque além dos limites de tempo e espaço convencionais, próximos... A visão amplia a capacidade de focalização direcionada para a meta essencial, ao invés daquelas que constituem desvios do objetivo essencial.

Uma transformação psicológica opera-se no íntimo e ele adquire suavidade nos movimentos sem tornar-se vagaroso, harmonia no conjunto, livre, porém, de aparatos e complexidades externas muito do agrado dos vaidosos, gentil, mas não submisso aos caprichos alheios, nobre, sem características de superioridade, pacífico, no entanto, portador de imensa coragem para destrinçar as malhas da agressividade em si próprio ou onde quer que as defronte...

A auto-iluminação desenvolve o fulcro divino existente em todos os seres e expande a claridade sublime do amor e da compaixão, da misericórdia e do crescimento interior no rumo da vitória sobre os contingentes de prova e expiação, ensejando a conquista da percepção elevada do destino.

Pitágoras, o inesquecível filósofo e matemático grego, que nasceu na primeira metade do século VI a.C., depois de peregrinar por diversos países, inclusive o Egito, na busca da sabedoria, ao retornar a Samos, sua cidade natal, e encontrando-a sob a dominação do tirano Polícrates, transferiu-se para Crotona, na Magna Grécia, onde ergueu a sua comunidade, caracterizada por finalidades filosóficas e religiosas.

Propondo o encontro com Deus através da crença na imortalidade da alma e na reencarnação, na busca da luz interna, mandou inscrever na caverna do seu santuário, na pedra viva, o conceito lapidar: *A alma é uma chama velada. Quando lhe colocamos os santos óleos do amor ela esplende e ilumina. Quando a descuidamos, ela se entibia e morre...*

Certamente que jamais ocorre a extinção do Espírito. Nesta simbologia, o mestre, descendente de *pítia* e *guru*, de onde se derivaria o seu nome, elucida que, perdendo o brilho por falta de combustível de manutenção – o amor – desaparece o significado da sua vida.

Somente o amor, portanto, possui o elemento de sustentação e fortalecimento para dar vida e manter o brilho, o calor que a aquece e a mantém. Este recurso indispensável apresenta-se em forma de autocompreensão em torno dos deveres que devem ser atendidos em relação a si mesmo, ao próximo e a Deus.

A auto-iluminação é conquista paulatina que merece total empenho, conseguida somente através do investimento da reencarnação.

As heranças que procedem do passado, entretanto, sublevando-se na mente instável, indisciplinada, reduzem, não poucas vezes, os processos da abnegação e do sacrifício a escombros psicológicos, sinônimos de fracasso evolutivo.

Legatário das próprias conquistas positivas e negativas, o Espírito desperta, por fim, ante as injunções penosas das existências sucessivas e dá-se conta do imperativo do *Dharma* que se sobrepõe a todos os limites e situações humanas, como fatalidade divina para todos, na glória da imortalidade em que se encontra mergulhado.

Esta descoberta exige identificação de comportamento, facultando o nascer do sentimento de autocompaixão que o domina, propelindo-o para a descoberta de si mesmo. Ainda, nessa conjuntura, porque não familiarizado com o *processus* iluminativo, pensa que a adesão ao programa divino irá evitar-lhe os acontecimentos, reparar os seus erros, eliminar-lhe o *carma*.

Porque tal ocorrência não se faz conforme desejaria, logo ocorre abandonar os planos de crescimento moral e espiritual, retornando ao estágio de frustração e de queixa em que sempre se compraz, considerando não haver alcançado esse ilusório nirvana de ociosidade.

Nunca deverá ser desconsiderado o esforço ingente para compreender que a iluminação é um processo interno, que emerge do ser profundo ao exterior, facultando ao *Cristo interno* desenvolver todas as aptidões latentes, de forma que se sobreponha aos subterrâneos da mente atual e das emoções, escalando-as e priorizando aquelas que facultam plenitude, conduzindo o ser às regiões ignotas de inefáveis alegrias e venturas.

Herdeiro de Deus e de todo o Seu amor, o Espírito traz, ínsitos, os valores divinos, que lhe cumpre fazer germinar e desenvolver a potencialidade adormecida, assim candidatando-se à grandeza estelar.

Não se pode conseguir esse tentame através de expectativa inoperante ou de ações interesseiras mediante comércio vil disfarçado de nobilitante.

O ser adquire sabedoria a expensas de sacrifícios e lutas que não cessam, qual ocorre com a semente que está fadada a viver, e, para tanto, deve arrebentar o casulo em que se oculta, vencer os empecilhos de que se reveste, de forma a alcançar a vetustez, a finalidade para a qual se originou.

Vencer limites e aprimorar tendências, superando cada etapa em que transita, avançando sem desfalecimento, constitui a metodologia da auto-iluminação, sendo que, passando despercebida aos olhos alheios, não recebe aplauso nem encômios dispensáveis, proporcionando alegrias íntimas que se fazem estímulos incessantes para consegui-la.

À medida que a auto-iluminação tem início, o ego esmaece por falta das emulações a que se fixa, embora se duelem nos primeiros tentames, como decorrência do impositivo animal da matéria e a tendência de angelitude que traz em si o Espírito, viajor que é da Eternidade.

Durante este embate, em que antes predominavam os interesses corporais, a pouco e pouco, passam a predominar as pequenas vitórias do ser real sobre a personalidade que se vai modificando, eliminando as frustrações e o tédio das ambições materiais, enquanto se amplia o campo dos mecanismos propulsores do ser cósmico em sintonia com as Esferas Superiores da Vida.

O hábito, porém, de negociar-se no mundo, utilizando-se os padrões de compensações lucrativas e insaciáveis, na incessante troca de mercadorias e moedas de todo tipo, induz o inexperiente em relações divinas ao vão comércio dos atributos da Vida, como se possuíssem valores como aqueles a que está acostumado, como ocorre nos jogos do ego enfermiço.

Lenta e seguramente porém, ao experimentar o indefinível bem-estar da auto-superação, mediante a auto-iluminação, o despojamento das sensações faz-se tão natural e contínuo, que o Espírito se transfere do habitual patamar em que se encontra para níveis mais elevados de consciência de si mesmo e cósmica.

A ascensão inevitável – fatalidade da Vida – que vem ocorrendo desde os primórdios do psiquismo acelera os valores morais com os quais o Espírito se auto-ilumina e se liberta do ciclo das reencarnações inferiores, aflitivas e penosas, iniciando-se na escalada arrebatadora que o levará aos páramos divinos.

Iluminação para a ação

A iluminação interior funciona como sendo o objetivo essencial da reencarnação, que facilita o roteiro para a ação libertadora.

Transitando o Espírito no invólucro material impermanente, em face da anterioridade dos hábitos e compromissos, a sua tem sido, infelizmente, a opção pelo hedonismo, pelos interesses imediatistas, postergando, consciente ou inconscientemente, a conquista da plenitude.

Quando, porém, sacudido pelo fenômeno da deterioração física ou psicológica, ou simultaneamente por ambas, quase que inevitável para quem se movimenta no campo da ilusão sensorial, às vezes percebe a delicada situação em que se encontra, interessando-se por perlustrar a senda da autoconsciência que anteriormente não foi considerada.

Este atrativo pelo efêmero em detrimento do permanente impulsiona-o à preferência pelo vazio interior, quando tudo o convida ao preenchimento luminoso dos espaços emocionais e espirituais, ao cultivo do ódio, podendo revertê--lo em sublime emoção de amor que o enriqueceria de bem--estar; ao ressentimento que o aturde, quando lhe seria lícito vivenciar a bênção do perdão que o tornaria livre de tormentos e angústias; da lubricidade insaciável, que deveria converter em afetividade fraternal, renunciando às ambições descabidas que o desarmonizam na razão direta em que mais consegue ou simplesmente por que não a alcança...

Esta deterioração do comportamento moral faz-se acompanhar de equivalente perturbação psicológica, apresentando-se como estado de consciência alterada responsável por graves desequilíbrios.

Como decorrência, somatiza esses desastres da emotividade, que se transformam em doenças de vária denominação, que passam a consumir-lhe a organização física indispensável ao seu processo iluminativo.

Isto porque, tudo quanto se aspira intimamente transforma-se em realidade ao largo do tempo, conforme as leis de afinidade e de sintonia. Não implica, esse fato, em anelar-se pela aquisição de fortuna, de poder, de beleza, de prazer, mantendo a idéia de que insistindo nesse pensamento egoísta conseguirá realizá-lo prazenteiramente. A questão diz respeito à maneira pela qual a mente se impõe ao cérebro estabelecendo ressonâncias éticas, emocionais e fisiológicas.

Quando os sentimentos expressam as paixões primárias influenciam o processo metabólico do ser, tornando-o vítima deste cultivo ideológico inferior.

De igual maneira, a fluência e constância das imagens felizes nas telas mentais produzem a condensação da energia emitida que se converte em realidade formosa para o bem desejado.

O ser pensante avança ou estaciona pois, conforme os impulsos que lhe procedem dos fulcros mentais do Espírito encarnado que é.

A opção pela violência e pelo abuso, pela perversidade e pela insensatez molda-o no padrão vibratório que lhe caracteriza a escolha. A ocorrência é semelhante, quando prefere o amor e a sabedoria, a bondade e a luz, facultando-lhe a incorporação da idéia que se transmuda em força plasmadora a serviço da evolução.

Deste modo, o pensamento, que é a idéia transformada em força e imagem, caso se encontre em situação menos feliz, a mudança de direcionamento mental para a felicidade proporciona-lhe imediata alteração de conduta para melhor, incorporando a idéia de libertação e de paz.

A sociedade contemporânea, como ocorreu relativamente com outras no passado, enfrenta procedimentos que fascinam, a maioria dos quais sem qualquer suporte de permanência em relação ao ser eterno, sempre superficiais e críticos, induzindo às ilusões que se convertem em dolorosos desencantos.

Realça-se e torna-se prioritária a fisicultura, a apaixonante preferência pelo corpo em incessantes campeonatos de pesos e medidas estabelecidos como idéias, bem como pela aceitação de fórmulas, algumas esdrúxulas, em favor da saúde e da vitalidade orgânica, por meio de dietas que fomentam a bulimia e a anorexia, propondo a conquista dos padrões de beleza transitória, que estimula a vaidade e infelicita o sentimento em face da sua fugacidade.

O pavor da velhice e da doença, do anonimato e da incerteza quanto aos valores imediatos aflige a cultura hodierna, levando de roldão milhões de vidas que estorcegam na inveja, na insatisfação, na revolta, na ambição desmedida, na violência ou em queda abissal na depressão. Valores falsos, sem dúvida, estes, que desnorteiam vidas, mas que se transformaram em metas a serem alcançadas a qualquer preço. Para consegui-lo, são gastas energias e esperanças, aplicando-se quaisquer métodos, mesmo que sob a violência contra os sentimentos morais para consegui-los. A exaltação dos sentidos, o jogo equivocado do sexo e a entrega às drogas químicas tornam-se motores que impulsionam para a conquista destas falsas metas. Como conseqüência, as existências juvenis desatrelam as paixões ancestrais e atiram-se na caça dos prazeres tendo em vista este *triunfo* enganoso. Mas não apenas os jovens, senão incontáveis dentre aqueles que se encontram na maturidade, experimentando desencanto por crerem que não aproveitaram quanto deveriam as oportunidades agora passadas, deixando-se arrastar pelo sentimento de culpa e pela angústia. Igualmente, não escapam os mais velhos que, sem realização interior, olham o passado que *perderam* e o futuro que não alcançarão, dominados por surda revolta ou vitimados pelo tédio, pela inutilidade que se atribuem...

Com essa filosofia, recorre-se aos anabolizantes, ao silicone, às cirurgias corretoras e delineadoras das formas, às lipoaspirações perigosas e aos treinamentos exagerados de musculação, às corridas exaustivas, como sendo fundamentais para a aquisição de um corpo *sarado*, bem delineado, atraente, preenchendo todas as horas disponíveis, que se poderiam aplicar em outros misteres mais duradouros, permanentes, com alucinada paixão pelo exterior. Sem dúvida, que a Ciência Médica propõe diversos mecanismos favoráveis à saúde, por meio dos exercícios, especialmente para a preservação do equilíbrio cardiovascular e de outros órgãos, porém, dentro de métodos compatíveis com as necessidades de cada indivíduo. Concomitantemente, são sugeridos valiosos meios de renovação mental e emocional, mediante a cultura, o espairecimento, o trabalho especial de voluntariado junto ao próximo, como terapêutica preventiva e curativa indispensável ao bem-estar, à renovação interior.

O ideal físico hodierno, no entanto, suplanta o estético proposto por Esparta, nos dias do passado, enquanto a beleza, a cultura da inteligência e da arte, com legítimas exceções, não repetem as evocações de Atenas...

É certo, que a generalização sempre comporta a colocação das exclusões, daqueles exemplos que constituem o verdadeiro modelo de orientação e de equilíbrio, que trabalham pelo bem, pelo conhecimento, pela arte, pela iluminação.

No físico e no virtual, no direto e no subliminal convite ao exterior, à busca da forma, que logo deteriora, aqueles que conseguem transitar sem a contaminação do fugaz, igualmente encontram os métodos e os contributos para a plenitude, para a realização da paz.

Mestres e gurus multiplicam-se propondo diretrizes corretas umas e outras vãs, sob compensação pecuniária, em recintos de luxo para atender a procura ansiosa de muitos adeptos ainda não conscientes da escolha realizada.

Sugestões diversas em favor da *morte no mundo* para a conquista do grande silêncio libertador, em contato com a Natureza ou em países de tradição mística, são apresentadas na Mídia, como se num passe de mágica fosse possível encontrar-se a plenitude.

Jesus, porém, foi peremptório, no desafio que lançou para que se pudesse *viver no mundo sem pertencer ao mundo*. Deambular pelo vale estreito e sombrio, pisar em abrolhos e lodo, mantendo-se firme no ideal de crescimento, lutando contra os limites pessoais e as circunstâncias são a técnica que permite o avanço sem detença no rumo da auto-realização.

Vez que outra Ele buscou, sim, a solidão física, em lugares ermos, para reabastecer-se em Deus, no entanto, impulsionou os apóstolos a que saíssem de si para servirem o seu próximo.

Este aparente paradoxo é fácil de ser conciliado, mediante a busca do *reino* dentro de cada um e a ação da caridade em favor dos outros como sublime recurso para a vitória.

Quem possui uma luz põe-na no *velador*, a fim de que clareie o recinto, não a escondendo, porquanto ela sempre se exterioriza, mesmo quando oculta em face da irradiação de que é portadora.

A viagem na direção do *Cristo interno* pede conscientização pessoal, decisão e entrega, para que seja possível emergir desse encontro sublime enriquecido de forças para auxiliar as pessoas e o mundo na grande transição que ora se opera na Terra.

As dificuldades que surgem, no entanto, podem ser ultrapassadas por meio do hábito da oração, da reflexão profunda e da meditação, no recolhimento interior e silencioso de si mesmo, de forma que possa ter desveladas as paisagens tumultuadas – resultado dos conflitos não resolvidos de outras experiências que ficaram no ontem – que devem asserenar-se, facultando a quietação da mente que não pensa, mas que se extasia na comunhão com a Verdade.

Superar a ilusão do quotidiano pelo uso da meditação tranqüila é ocorrência que tem lugar somente quando as aspirações habituais cedem lugar à entrega a Deus que constitui o motivo da grande busca.

É necessário que o *Cristo interno* viva intensamente em cada criatura, de maneira a dominar as manifestações exteriores, induzindo a avanços maiores na escala da evolução.

Assim sendo, somente pode realizar a ação da caridade, conforme a ensinou o Apóstolo Paulo e de que Allan Kardec fez-se intermediário, aquele que alcança a luz interna.

É certo que a ação da caridade começa no gesto simples do amor, na entrega de qualquer oferta, na participação do sentimento de compaixão, na ternura que se exterioriza em favor de outrem, enriquecendo-o de alegria e de renovação.

Todo gesto espontâneo que procede do coração representa igualmente uma forma de ação caritativa, pois que sempre é filho direto do amor que se expande. Entretanto, quando alguém encontra a iluminação, em face da ventura que experiencia, transforma esta conquista em bênção de caridade que reparte com todos, alterando a própria e a psicosfera do mundo em sombras.

Impermanência

Tudo que nasce, morre – assevera com legitimidade o prosaico brocardo.

Toda e qualquer aglutinação de moléculas que se encontram sob a força de atração experimenta mudanças, desarticulando-se em face de impositivos mais poderosos, assumindo outras expressões na forma.

A impermanência é inevitável ocorrência em todas organizações e estruturas que existem no Universo.

Permanentes são o Espírito e a sua especial constituição energética, porquanto, criado por Deus, a Eterna Causalidade, avança, sem cessar, na direção da fatalidade para a qual se encontra destinado. Mesmo nesse processo, experimenta *impermanências* especiais, que equivalem como sublimação da energia que se sutiliza incessantemente.

Quando envolto pelos fluidos grosseiros da matéria orgânica sofre as vicissitudes dos próprios implementos de que se reveste, porquanto os mesmos estão em contínuas mutações e transformações. Nada obstante, por esse meio, experiencia o fenômeno da evolução, superando os impedimentos impostos aos vôos de liberdade e de consciência embora as potencialidades que lhe são inatas.

Em todas fases dessa experiência de auto-iluminação, desveste-se das constritoras camadas externas, graças ao desabrochar dos sentimentos e conhecimentos interiores, fixando os propósitos de superação das faixas animalizantes por onde transitou, galgando patamares elevados e alcançando níveis mais nobres para os quais se desloca afanosamente.

A vertical da ascensão é desafio que somente alguns poucos logram, em face dos sacrifícios e da abnegação de que se revestem, entregando-se totalmente ao mister de conquistar o Infinito.

Normalmente, as demais criaturas objetivando os mesmos resultados fazem-no com passos mais lentos, realizando a caminhada libertadora das paixões inferiores que por largo período impossibilitaram a conquista da inteligência, do discernimento, da consciência, apesar da impermanência de cada fase.

Esse processo de contínua superação de estágio impõe-se, a princípio, por automatismo, depois, mediante a razão, por fim, através dos impulsos felizes da intuição, da percepção de felicidade acima das contingências humanas.

A lucidez que proporciona o conhecimento permite o desapego do passado, sem nenhuma fixação ao que aconteceu, e a liberação do futuro, isenta de ansiedade em torno do que poderá suceder.

Essa conduta emocional faculta um desenvolvimento de valores edificantes que não se atêm ao tempo ou às circunstâncias, ensejando superar a pressa pelo conseguir, assim como as lembranças amargas que impossibilitam avançar. Faculta o surgimento de estímulos mediante análises de como se esteve em relação à postura em que se encontra, abrindo possibilidades em torno de como deverá ser mais tarde, num processo espontâneo de realizações coerentes com as conquistas interiores de paz e de bem-estar que decorrem das ações corretas.

Durante largo tempo a Psicologia tem procurado encontrar no passado de cada indivíduo as causas que desencadearam os conflitos e atribulações que o atormentam no presente. As análises do comportamento pré-natal, das circunstâncias da concepção, do desenvolvimento fetal, do parto, dos relacionamentos com a mãe e o pai, da estrutura familiar na infância explicariam onde se encontram os fatores preponderantes ou mesmo predisponentes para os transtornos do comportamento. É certo que muitas contingências desse período estejam influenciando a conduta atual do paciente, sendo necessária a evocação daqueles conteúdos infelizes, a fim de que, trabalhados, possam ser diluídos, cedendo lugar a nova compreensão da vida e do seu significado real.

Atualmente, graças à visão psicológica transpessoal, a sonda é penetrada no passado mais remoto, buscando-se encontrar a raiz original do desequilíbrio que, trazido à memória atual, mediante psicoterapia cuidadosa, produz resultados salutares, libertando da culpa, da complexidade das lembranças inquietadoras dos comportamentos esdrúxulos para a lógica existencial, que interferem na maneira de ser da pessoa.

Como conseqüência, surgiram apegos ao ontem, em busca incessante e quase tormentosa da causalidade, sempre infeliz, das aflições que hoje estrugem volumosas ou sutis, gerando ansiedade, insegurança, medo, revolta, agressividade, alucinações...

As catarses realizadas em uma como em outra técnica terapêutica são valiosas contribuições para o bem-estar, ensejando renovação de atitude, mudança de visão comportamental na emoção.

O mergulho nas evocações da atual existência faculta mais ampla liberação dos conflitos, enquanto que, naquilo que diz respeito às reencarnações, o fato de serem trabalhados os traumas e remorsos, a dominante culpa, atenuam-se as angústias e patologias da conduta, não deixando de exigir que se firmem compromissos de transformação moral para melhor, de regularização dos prejuízos que foram causados a outrem, de esforços que se transformem em bênçãos para os que ficaram dilacerados pelo desalinho do calceta hoje em recuperação moral.

Ademais, de maneira dominadora existem as influências obsessivas impostas pelos que se sentiram lesados, ora transformados em cobradores inclementes ou que se encontram vinculados simplesmente por uma questão de afinidade espiritual e de sintonia moral, até que sejam refeitos os laços de respeito e de amor que foram destruídos.

Nessa impermanência de acontecimentos, porquanto são sempre transitórios, funciona o impositivo da reparação de qualquer erro em favor da harmonização entre todos aqueles quantos se encontram em campo de edificação pessoal.

Há, no Universo, a presença ínsita da Consciência Cósmica, a expressar-se como lei de equilíbrio. Mesmo no aparente caos constata-se uma organização que supera a desordem, em razão da finalidade da ocorrência em relação ao que virá a ser.

Essa lei de equilíbrio, quando agredida ou relegada a plano inferior, permanece aguardando reparação, corrigenda, nos seus harmônicos mecanismos, especificamente no setor em que se encontra o desajuste.

Nada obstante, a conscientização da culpa e sua superação propiciando harmonia no indivíduo, não conseguem libertá-lo do resgate que se lhe impõe, educando-o e recompondo-o ante aquilo que defraudou, que feriu, que perturbou.

Em face desta compreensão, a impermanência dos efeitos danosos faculta a cada momento a ação regularizadora que propiciará a ordem que deve viger soberana em toda parte. Mesmo que não considerada, essa lei de equilíbrio não se desestrutura, mas aquele que erradamente age produz um campo de inarmonia em si mesmo e em relação ao Cosmo, impondo-se a necessidade do restabelecimento daquilo que foi danificado por sua imprevidência ou primitivismo.

A reencarnação tem por finalidade o desenvolvimento do *Deus interno* em cada Espírito. Entretanto, a ressurreição espiritual é o processo mais eficaz para ensejar a conquista do eu integral. Em cada ressurreição, que equivale sair da sombra de si mesmo para a claridade da consciência, a superar a ignorância mediante a aquisição do conhecimento, dá-se um passo avançado e produtivo na conquista da paz que se anela.

Quando interrogaram João, o *Batista*, se ele era o Messias, tomado de valor moral e coragem, ele respondeu: *Nom sum! (Eu não sou!)*

Posteriormente, interrogado Jesus, a esse respeito, com intrepidez e segurança, ele confirmou: *Ego sum! (Eu sou!)*

A permanência do Mestre Incomparável no planeta que o Pai Lhe concedeu para conduzi-lo reflete a Causalidade desafiadora no eterno antes, durante e depois, na infinitude do tempo...

Absorvida e introjetada a conceituação do impermanente, o tempo – relativo – e o espaço – finito – constituem a excelente bênção para a reencarnação, liberando da preocupação de transferir para o futuro, em outra roupagem orgânica, o ressarcimento do débito moral perante a Vida.

A dádiva divina, representada pelo momento agora, sem ontem nem amanhã, prolonga-se *ad infinitum,* propiciando a auto-iluminação que constitui a meta prioritária que deveria ser considerada pelo ser pensante responsável e lúcido, a respeito da finalidade da existência terrena.

A tradição védica informa que o nascimento orgânico é morte, porque é uma viagem no mundo de sombras e de limites, quanto que a morte é vida, por ensejar a libertação do presídio da matéria para facultar os vôos nos rios do Infinito.

Possivelmente, por essa razão, o sábio chinês Confúcio, escreveu: *Quando nasceste todos riam e tu choravas. Vive, porém, de tal forma que, quando morras, todos chorem, mas tu sorrias.*

Isto porque, na dimensão menor – no corpo somático – as impressões são imediatistas, enquanto que o Espírito ao encarcerar-se teme as ocorrências que enfrentará. Mais tarde, quando abandona o casulo, e os companheiros que ficam transitoriamente choram-lhe a ausência, ele exulta em plena liberdade.

Concordando com essa perspectiva – reencarnação é morte e desencarnação é vida! – o momento eterno convida à aplicação de todos recursos éticos e morais auxiliando à conquista do vir-a-ser e não apenas para o prazer enganoso do estar.

Em face desta postura, uma tranqüila confiança assenhoreia-se da mente e o coração pulsa em ritmo de alegria, trabalhando o crescimento espiritual em incessante transformação para melhor.

Pouco pois, importa, a historiografia do passado – quem se teria sido, importante ou desconhecido, poderoso ou fraco – diante das inumeráveis possibilidades de realização e de plenitude.

Quando o Evangelista João informou que *Deus é Amor*, estabeleceu um paradigma de permanência real, porque se encontra em todo o Universo como Harmonia, antes e depois do tempo e do espaço. A impermanência de tudo e de todos, a morte e o renascimento cessam quando o Espírito liberado da conjuntura do ir-e-vir alcança a plenitude de consciência e pode contemplar a Permanência Divina.

Ética e razão

Do grego *ethike,* a Ética é a ciência da moral, que tem por objeto a análise e o julgamento de apreciação aplicado à distinção entre o bem e o mal. Etmologicamente, a Ética se relaciona com os costumes, daí dizer-se que é também a doutrina que os estuda, traçando normas que levam o indivíduo a discernir o bem do mal, o que deve ou não realizar, gerando hábitos que lhe facultem uma existência honrada e cumpridora dos deveres.

Allan Kardec, em *O Livro dos Espíritos,* na questão de número 629, com propriedade interrogou aos luminares Guias da Humanidade: *Que definição se pode dar da moral?* E eles responderam: *A moral é a regra de bem proceder, isto é, de distinguir o bem do mal. Funda-se na observância da lei de Deus. O homem procede bem quando tudo faz pelo bem de todos, porque então cumpre a lei de Deus.*

Remontando às origens do pensamento ético, iremos encontrá-las nas revelações espirituais de natureza religiosa desde os primórdios da cultura, quando o ser humano passou a sentir necessidade de ordenar o comportamento pessoal e o relacionamento com as demais pessoas, recebendo por inspiração as primeiras diretrizes de fraternidade, de respeito e de dever.

Como lei natural que é, o amor, que substituiu lentamente a agressividade e o primarismo do instinto, foi-se impondo e criando hábitos, costumes, que se transformaram em códigos de conduta, mais tarde em leis que passaram a administrar as ocorrências humanas.

Simultaneamente, as revelações mediúnicas propuseram medidas severas para o equilíbrio das pessoas e do grupo, bem como o seu relacionamento com a Divindade.

O código de Hamurábi, que reinou em Babilônia entre 2067 e 2025 a.C., é o mais notável de que se tem notícia na Antiguidade, pois que se encontrava escrito em uma coluna de diorito negro com quase 2,50m de altura e era constituído por aproximadamente 4.000 linhas anotadas em 51 colunas distintas.

Por outro lado, o *Decálogo,* apresentado a Moisés no monte Sinai três meses após a saída dos hebreus do Egito, estatui os deveres do indivíduo para consigo mesmo, o seu próximo e Deus, estabelecendo códigos de costumes pessoais e sociais para uma vida feliz.

Na Índia e na China, através de Krishna, Sidarta Gautama, o Buda, e Lao Tsé despontam leis e códigos morais ricos de sabedoria, nos quais a Ética se apresenta com vigoroso delineamento para a ordem, a justiça e o dever.

No ocidente, a Ética aparece na Grécia por volta do século VI a.C., conforme a tradição histórica da Filosofia, embora já houvesse sido delineada nas interpretações *aristocráticas* que se encontram nas páginas das epopéias de Homero e de Hesíodo. Na primeira, a virtude é apresentada como sendo um atributo pertencente à nobreza, enquanto que, na segunda, a virtude é uma conquista do esforço, do sacrifício, do trabalho que enobrecem o ser humano.

Posteriormente, o problema da Ética se tornou tema constante de pensadores como Demócrito, Protágoras, Sócrates, Platão, enriquecendo as diversas escolas de interpretação a respeito dos costumes e da moral. Simultaneamente, será com Aristóteles que a Ética se tornará uma disciplina filosófica sistematizada.

Da mesma forma, as experiências do santuário de Delfos e as concepções mitológicas dos deuses que habitavam o Olimpo ensejaram a ampliação dos conceitos éticos que as diversas escolas de pensamento se encarregaram de divulgar, adaptando-os aos costumes de cada época e mais tarde, por meio de leis que direcionaram as criaturas para a conduta saudável.

Com o tempo, a Ética foi-se transformando em doutrina da moral por excelência.

Foi Jesus que apresentou o amor como fundamental para a vida, dando início ao primado do dever e da moral como essenciais à felicidade humana. Antes dEle, os princípios da ética moral eram graves, especialmente em Israel, atados às leis severas, estabelecidas por homens cruéis, mais interessados em punir, em vingar-se do que em educar e corrigir. Desde a célebre *Pena* de *Talião*, que Ele substituiu pela do perdão, mediante o qual é concedido ao infrator a reabilitação, não ficando isento da responsabilidade do erro e das suas conseqüências, mas facultando-lhe possibilidades de retribuir à sociedade em bens os males que praticou.

Como resultado da difusão do pensamento cristão, houve uma alteração das linhas clássicas da conduta moral, em razão das propostas em torno da origem e destino do ser humano, o que se consolidou na época em que ocorria o fim do período da escolástica clássica.

Por ocasião da Renascença, da Reforma e da Contra-Reforma, surgiram as correntes denominadas neo-estóicas que se distenderam pelos séculos alcançando Renato Descartes e futuramente Baruch Espinosa que, perseguido por judeus e católicos, levou a Ética ao extremo do método cartesiano, concedendo-lhe uma formulação geométrica. Com tal severidade, o seu sistema tornou-se a expressão mais rigorosa do panteísmo, que influenciou outros grandes pensadores e poetas como Goethe, Wordsworth e Shelley.

No turbilhão do pensamento que tomou conta da Humanidade, surgiram as variadas escolas de pensamento ético tais a de Hobbes, no egoísmo, de Maquiavel, dos sentimentos morais com Hutcheson.

Com a filosofia de Kant, já no século XVIII, surgiu uma Ética formal e autônoma, que propunha o abandono de todos os *bens,* contrapondo-se a todas doutrinas morais. O pensamento de Kant influenciou fortemente outras correntes de pensamento e sofreu rigoroso combate por parte das doutrina éticas materiais.

Não é possível deixar de referirmo-nos a Nietzsche, com o seu esforço para reverter a ordem estabelecida, trabalhando por uma inversão dos valores éticos tradicionais.

Hoje, os problemas éticos são encarados conforme as diferentes correntes de idéias, ensejando a cada indivíduo a sua própria concepção, que é determinada pelas conquistas da sua consciência e as características de sua formação cultural e moral.

A Razão é uma conquista do ser humano através dos milênios, quando este alcança o patamar do discernimento e da lógica, sendo a faculdade de raciocinar discursivamente, selecionando aquilo que se lhe apresenta como portador de legitimidade, depois de ajuizado o verdadeiro do falso, o bem do mal, etc. Existem, igualmente, outras acepções que são atribuídas à Razão.

Com a contribuição valiosa de Kant a Razão pode ser conceituada como *pura* e *prática*. A primeira, é o conjunto de princípios aprioristicamente estabelecidos, cuja verdade dispensa a contribuição da experiência, podendo ser formulados pela lógica, e que se alcança através da reflexão. A segunda, é resultado do princípio da ação mediante uma regra moral. Ele considerava também uma concepção mais restrita, através da qual essa faculdade de pensar leva a uma conceituação superior envolvendo as idéias de Deus, da alma e do mundo.

Na sua incessante busca de conteúdos profundos, Kant fez uma diferenciação entre Razão e Inteligência, qual o realizaria também Hegel.

A Razão atingiu o seu momento absoluto durante a Revolução Francesa de 1789, quando foi transformada em *deusa,* que desfilou em torno da Igreja de Notre Dame de Paris, sentada num trono e adornada pela coroa de mirto, na pessoa da jovem bailarina do Teatro da Ópera, Candelle.

Na atualidade, a Razão representa de certo modo o pensamento de Ortega y Gasset quando se refere a uma *razão vital*, que funciona na vida, não se submetendo à *razão* pura e abstrata, mas à que atinge o nível concreto das coisas e dos fatos, tornando-se *razão histórica*.

No século XX, Alberto Schweitzer, profundamente tocado por Jesus e Sua doutrina, escreveu a sua Ética, fundamentado no amor, que se converte em serviço em favor do próximo, impulsionando-o à conquista da felicidade.

Lentamente, foram-se identificando a Ética e a Razão, especialmente quando se apoiando em princípios de justiça e de eqüidade, trabalhando em favor da criatura antes que esta se mantenha subalterna aos códigos transitórios de princípios diferentes e, às vezes, contraditórios, que dependem do pensamento daqueles que os elaboram.

Prosseguindo as revelações do Mundo espiritual em direção da Terra, cada vez mais sutis e profundos se tornam os códigos éticos, facultando ao ser humano o encontro com a sua identidade espiritual e o objetivo da sua existência física. Procedente da Imortalidade e para ela em caminho, mergulhado transitoriamente em um escafandro carnal que o limita, avança, mesmo sem que tenha idéia, nunca retrocedendo e alcançando patamares sempre mais nobres, nos quais compreende os deveres para consigo, o seu próximo e Deus, tornando a sua ética de conduta e de costumes superior aos impositivos do egoísmo e das paixões de que procura libertar-se. Para esse cometimento é-lhe fundamental a superação do primitivismo ainda nele persistente, modificando as estruturas das aspirações de forma que se torne mais humano e menos egotista, célula ativa e positiva do organismo social no qual se movimenta.

A fé que nele domina é lógica e a sua é a *razão histórica*, porque resulta da aplicação dos postulados existenciais no concreto do dia-a-dia com vistas à sobrevivência ao corpo, quando ocorrer o fenômeno da morte fisiológica.

A necessidade da razão acompanha-o em cada passo, para que não se torne apaixonado, quando encontre a fé que o fascina, nem dispense a ética diante da razão, que pode, muitas vezes, atormentá-lo, em face do raciocínio abstrato que lhe exige a fuga da realidade.

Ética e Razão, como fundamentos essenciais da nova crença do homem livre, tornam-se diretrizes de segurança para a descoberta dos valores espirituais que dormem no imo ou que já despontam orientando os rumos do futuro.

O homem ético é, sobretudo, racional e nobre por instinto, conhece as regras do bem proceder e do bem servir, dispensando palavras encomiásticas e posições relevantes, por saber que o seu valor é interno e as suas são qualidades inerentes a todos os demais, com a diferença de as haver descoberto e aprimorá-las com afinco, de modo a torná-las alicerces de sua evolução.

Foi assim pensando, certamente, que Allan Kardec, com a sabedoria que lhe era peculiar, estabeleceu que *Fé legítima só o é a que pode encarar frente a frente a razão em todas as épocas da Humanidade.*

Mesmo quando mudem os postulados da Razão e os alicerces da Ética experimentem alterações como nos períodos de ditaduras e de regimes de exceção, nas refregas e dificuldades, nos sofrimentos e nos embates evolutivos, a fé permanece irretocável sustentando o indivíduo.

Tem sido assim, desde quando os postulados do Espiritismo foram apresentados em Paris, no dia 18 de abril de 1857. As mudanças culturais, filosóficas, científicas, sociais e políticas ocorridas neste ínterim não alteraram as estruturas dos seus postulados que oferecem a fé racional, ensejando a conduta ética e as bases experimentais inalteradas, conforme exaradas nas Leis Morais do já referido *O Livro dos Espíritos.*

Liberdade

O conceito de liberdade sob o ponto de vista filosófico tem variado através dos tempos, desde a oposição à coarctação, ao determinismo, até ao existencialismo, quando o ser passa a determinar-se a si próprio.

No princípio, acreditava-se que o indivíduo portador de conhecimentos era livre, porque culto ou educado, podendo identificar tudo e eleger como comportar-se. Podendo distinguir o bem e o mal adotava naturalmente aquele que lhe proporcionasse prazer e paz, portanto, o primeiro.

Considerou-se que o ser humano tem direito à liberdade embora não o haja em relação à natureza. Existe nele uma predestinação, um destino, que lhe estabelece a aceitação, impondo-lhe a compreensão dessa fatalidade, assim dando surgimento ao conceito metafísico de liberdade.

O neoplatonismo estabeleceu a necessidade de seguir-se o que estava definido pelo mundo inteligível, facultando a liberdade para a contemplação.

O Cristianismo ensejou uma proposta mais radical, fundamentada essencialmente no conceito de Santo Agostinho em relação à predeterminação divina e à ação humana. Essa liberdade estaria vinculada ao conhecimento de Deus quanto ao destino da criatura humana, a forma como ele se realiza, portanto, seria de caráter divino.

Sucessivamente, a Escolástica conceituou a liberdade como o livre- arbítrio, ao mesmo tempo identificando-se com a vontade, facultando uma perfeita vinculação com o bem, porquanto o mal seria um desrespeito ao mesmo.

Houve discussões prolongadas entre o conceito apresentado pela Escolástica e pelo cartesianismo, a fim de que, no século XVIII, surgisse uma proposta mais profunda, estabelecendo uma relação entre liberdade humana e determinação natural em discussão sobre a providência e o livre-arbítrio.

Kant, Fichte, Schelling, Hegel, Bergson e muitos outros ofereceram grande contribuição para estabelecer-se o conceito correto de liberdade no campo da Filosofia, culminando com a aceitação dessa determinação que o ser humano se propõe a si mesmo.

Entrementes, sob o ponto de vista do Direito Civil, a liberdade que faculta o direito de a pessoa eleger a própria vida está restrita pelo Estado, desde que este tem em vista o bem comum. Em razão disso, em períodos especiais, quando irrompem revoluções, guerras, problemas graves, as liberdades individuais experimentam restrição, bem como ações de detenção ao indivíduo, encarregando-se de limitar-lhe o direito de ação e de movimento.

Já, no Direito Político, acorda-se em permitir ao indivíduo fazer o que lhe aprouver dentro porém dos limites impostos pelo próprio Direito.

Para administrar essa liberdade em todos os países estabelecem-se Constituições e Estatutos que a orientam e a controlam em relação aos cidadãos, que são convocados sempre à ordem e ao dever, a fim de poderem desfrutar das concessões defluentes, que são os direitos de movimentação, de conduta, de ação.

Por conseqüência, são estabelecidas várias liberdades, especialmente nos países democráticos, tais como: as de religião, de partidos, de reuniões, de seguir a cultura e a tradição que a cada qual aprouver, de imprensa, de opinião, de pensamento, regidas todas por certos limites estatuídos por lei, de maneira que a autonomia de cada um não afete a do outro, o que, se ocorrer, será transformado em caos e em libertinagem.

Por isso mesmo, a liberdade integral é um sonho momentâneo que não pode ser vivenciado, inicialmente em razão das dificuldades orgânicas que impedem a total movimentação e o uso das energias que se desgastam, sem que as conseqüências naturais do abuso não gerem aflições e distúrbios de muitas procedências.

A própria indumentária corporal impede o desfrutar de total liberdade, porquanto havendo nascido o ser, a morte é-lhe fenômeno inevitável e fatal, o que o impede de fazer o que quer, graças aos limites das forças orgânicas, emocionais e mentais.

Por outro lado, as vicissitudes morais, as enfermidades de vária denominação, procedentes da conduta equivocada em existências pretéritas, estabelecem impedimentos a uma atuação completa do ser no mundo, vivendo a braços com os desafios pessoais que devem ser superados mediante atendimento seguro e bem direcionado para a sua superação.

Quando consciente da sua realidade de ser imortal, deve agir de forma coerente, não se sobrecarregando de problemas e de emoções perturbadoras que culminam em desespero e aprisionamento em estados interiores sem grades físicas, no entanto, impeditivos de realizar o que aspira e o que pensa.

A liberdade política e a social podem ser alcançadas, nada obstante, se não existir o conhecimento lúcido dos valores humanos, morais, comportamentais e espirituais, defrontar-se-ão situações embaraçosas e restritivas, que gerarão revolta e agressividade.

Do ponto de vista espiritual, conceituou-se por longo tempo que a liberdade somente seria possível no isolamento, no ascetismo, entretanto, o seu logro teria um caráter alienador, porque o ser humano nasceu para viver em sociedade, e será nesse grupo que estabelecerá as linhas de conduta para uma existência produtiva, fomentadora do progresso e da felicidade. Aquele que se isola, por mais procure justificativa para a conquista da paz interna, está fugindo às lutas de dignificação, aquelas que desenvolvem a inteligência e os sentimentos, contribuindo para o bem-estar geral, que é meta do compromisso existente entre a criatura e a Vida.

Esse abandono, esse desprezo ao conjunto social responde como descobrimento de conflitos que estão sendo esmagados, quando deveriam ser racionalizados e liberados mediante as terapêuticas avançadas propostas pelo conhecimento médico, nos seus vários aspectos.

A evolução impõe a participação nos compromissos coletivos, a ação eficaz nos programas existenciais, cada um oferecendo a sua melhor parte, de forma que as dificuldades possam receber salutar tratamento através da contribuição geral, mediante a qual, cada um doa a sua especialidade e valor, modificando as estruturas vigentes e abrindo novos espaços para a alegria e o desenvolvimento geral.

Não têm sido poucos os movimentos libertários que irrompem freqüentemente nos grupos sociais, nas Empresas, nos Estados, nos quais vicejam o abuso, o cerceamento, as imposições grosseiras e perversas do egoísmo e da supremacia de uma contra as demais classes de cidadãos.

Infelizmente, não ouvidas as vozes dos pensadores – que, muitas vezes, inadvertidamente ou por egoísmo, entram em choques violentos, uns contra os outros, em razão da discrepância filosófica – estabelecem-se os conflitos armados, nos quais a vida perde o seu significado e os desforços dos biltres dominadores tornam-se terríveis pela crueldade e destruição. Terminam vencidos pela morte que se impõem covardemente, para pouparem-se à vingança das vítimas, ou aprisionados, escarnecidos, assassinados com ou sem julgamentos, eliminados da sociedade que infelicitaram, permanecendo apenas a memória ignóbil dos seus atos insanos.

A Revolução Francesa não foi exceção. Iniciada pelo entusiasmo dos filósofos e idealistas, logo derrubou a Bastilha e começou a *limpeza* eliminando os exploradores e parasitas sociais que sempre exauriram as massas, logo debandando, porém, para novo tipo de perseguição, para a opressão e o crime em rebeliões ideológicas e políticas absurdas, que consumiram alguns dos seus notáveis líderes, tornados adversários pela habilidade oratória e perversa de alguns celerados...

Os objetivos que foram alcançados, logo se converteram em depravação mediante o abuso pela libertinagem, a perseguição insensata, o desrespeito a todos os valores do ser humano, inclusive os espirituais, demonstrando que sem maturidade psicológica e valor moral, a busca da liberdade é uma sede ainda insaciável, por faltarem o conhecimento da sua realidade e a experiência de vida em campo aberto favorecendo todos.

Enquanto sob a dominação arbitrária, sonha-se com o dia da livre movimentação. No entanto, assim que se estabelecem as possibilidades e se experimentam os favores de liberdade, o tempo de restrição faculta desrespeito aos códigos de ética e de equilíbrio conduzindo a abusos semelhantes àqueles que se combatiam antes da instalação dos novos tempos...

Lamentavelmente, em razão do primitivismo da natureza humana, por enquanto, a liberdade, como seria de esperar-se, ainda não se pode estabelecer, porque o orgulho dos vitoriosos, a presunção do destaque, a oportunidade de governança daqueles que triunfam e sonhavam com as possibilidades de realização superior, encontrando a viciada máquina de domínio montada, assim que passado algum tempo aderem ao *status quo*, reagindo com violência quando contraditados e não entendidos. Antes, eram reacionários às ocorrências vigentes com direito à opinião e à discussão, ao debate e à greve, no entanto, quando no destaque, se incomodados pela discrepância de outros, agridem e desorientam-se, abandonando a postura de equilíbrio que deveriam manter para a usança de adjetivos deprimentes e acusações insensatas contra aqueles que os contrariam.

Ainda existe no ser humano o desejo de dominação, alçando-o das situações humildes inicialmente para as de relevância, quando se desvelam, apresentando a outra face, aquela que estava mergulhada na submissão às circunstâncias.

É muito fácil ser simples na pobreza e abnegado na escassez, o que nem sempre ocorre quando são excessivos os valores nas mãos e poderosas as circunstâncias de que se dispõe. É, portanto, muito difícil a manutenção da simplicidade na abastança e no poder.

A liberdade é, sem dúvida, o grande alvo do ser humano, especialmente daquele que pensa e sente o sofrimento do seu próximo, compreendendo que, mediante os recursos valiosos da política, da religião, da sociedade, podem mudar-se as paisagens tristes em que se movimentam os excluídos e infelizes, ensejando-lhes oportunidade de crescimento e de aquisição da felicidade.

Não fosse, infelizmente, por enquanto, a Terra, um *planeta de provas e de expiações*, e a liberdade se estabeleceria com maior facilidade, impulsionando os seres à fraternidade, à solidariedade, ao amor, bases da construção de um mundo feliz e melhor.

Nada obstante, todo o empenho que se possa direcionar em favor da liberdade deverá ser envidado, a fim de apressar os dias em que se poderá viver e agir com sabedoria e consciência, auxiliando o próximo na aquisição dos mesmos valores. *Asseverou Jesus com propriedade:* O meu reino não é deste mundo, *que podemos conceituar como a felicidade ainda não é* ***deste mundo****, sendo a liberdade de consciência e de ação o caminho que facultará a vivência do amor e da iluminação para tornar-se este um reino de paz, no rumo daquele outro, o reino da imortalidade.*

Felicidade

Desafiadora meta que deve ser alcançada pelo ser inteligente, a felicidade é fugidia, complexa e diferente de um para outro indivíduo, apresentando-se em um mosaico psicológico de variações que surpreendem.

Sócrates e Platão, que consideravam a alma imortal e o renascimento como fenômeno natural da vida, propunham a felicidade como decorrência do culto ao dever, ao belo e à Filosofia.

A felicidade para o bruto não corresponde ao anelo de uma pessoa sensível e nobre, da mesma forma que, para Nero, constituía-se de elementos destrutivos e bárbaros enquanto que para Marco Aurélio, embora guerreiro, tinha um sentido estóico.

Epicteto, ex-escravo de Epafródito, o liberto, embora coxo e destituído de qualquer beleza, tornou-se mestre de Marco Aurélio, fruindo a felicidade com características muito diversas daquelas que celebrizaram Petrônio, o *arbiter elegantiarum*, por exemplo, que foi induzido ao suicídio por Nero, que o invejava...

Com o Cristianismo, o conceito de felicidade experimentou uma proposta especial, apresentando-se como o esforço que se deve empreender a fim de conquistar-se o *Reino dos Céus*, celebrizando o sacrifício, a renúncia, a abnegação, o amor, como indispensáveis para consegui-lo.

À medida que surgiram os grandes pensadores do Cristianismo primitivo, dando início à *Patrística*, a visão da felicidade experimentou profundas mudanças, tendo-se em vista o conceito de cada um, desaguando sempre na conquista do Paraíso além da disjunção corporal, no mundo espiritual, onde seria sem jaça e intérmina...

De Santo Agostinho a Santo Tomás de Aquino, os conceitos em torno da felicidade sofreram pouca alteração dentro dos postulados cristãos. Entre os ascetas e autoflagelados, os místicos e extáticos, como São João da Cruz, Santa Teresa dÁvila, São Pedro de Alcântara, a felicidade apoiava-se na renúncia e no desprezo total ao mundo, com o fito de lograr-se o *Reino dos Céus*...

Foi, mais tarde, com o advento do *Racionalismo*, a nova *religião* que se impôs à cultura e ao comportamento, que se estabeleceu ser a felicidade uma defluência do gozo, do aproveitamento da existência física para o prazer, no qual a vida adquire sentido. Através da análise objetiva e intelectiva das coisas e dos acontecimentos, a experiência da satisfação dos sentidos tem alto significado, constituindo motivo de aspiração e de luta pelo conquistar.

De alguma forma, tratava-se de um retorno ao hedonismo de Aristipo de Cirene e dos seus seguidores que, no prazer situavam a razão da própria existência, já que, na transitoriedade da vida física, sempre muito rápida, é necessário fruir-se ao máximo das oportunidades, propiciando-se gozos incessantes, sejam do estômago, do sexo, do repouso, da posição social, da posse de valores amoedados, nos quais o ego realize-se plenamente.

Lamentável que tal anelo encontre as barreiras dos limites orgânicos e emocionais, nas suas sucessivas transformações, bem como as derivadas dos impositivos civilizátórios que exigem o cumprimento de muitos deveres que, não raro, impõem sacrifício, sofrimento e labor continuado.

Quase simultaneamente o *Iluminismo* programou dias de ventura intérmina para a criatura humana e a sociedade do futuro, oferecendo conceitos de felicidade em torno dos valores morais e culturais que deveriam constituir objetivos existenciais.

Rousseau, por sua vez, afastando-se dos iluministas, propôs o retorno à Natureza como sendo a única maneira de poder-se ser feliz, à simplicidade, ao estado natural, numa tentativa de renegar todas as conquistas do vigente conhecimento, como se os povos primitivos, ou aqueles que ainda se encontram em estágio primário da evolução hajam logrado a felicidade real. A indiferença ao conforto, à conquista do discernimento, à falta dos requisitos básicos de higiene e de preservação da vida física, não constituem, sem dúvida, felicidade, mas primarismo na escala da evolução.

Seria de pensar-se em como o hotentote, na sua condição pastoril contemplaria o labor ao solo, as conquistas da Tecnologia, as bênçãos da experiência cultural!

Normalmente, aqueles que se encontram em estágio de *natura*, quando se deparam com a civilização adotam-na até onde lhes é possível, desta forma alterando os hábitos e comportamentos, na busca de experiência diferente de felicidade, o que demonstra não estarem satisfeitos com aquela de que dispõem.

Certamente, a aculturação, em alguns casos, tem sido mais prejudicial do que útil, em face dos contributos perversos de alguns indivíduos e dos seus processos de educação, gerando sofrimentos naqueles a quem é imposta e estimulando-os a vícios que degeneram, infelicitando comunidades inteiras que viviam em melhor situação de paz, embora desconhecendo os padrões de conforto da civilização. Ao mesmo tempo, porém, essa mudança oferece recursos inestimáveis para a saúde, para o conhecimento, para a vivência de valores éticos e de condutas harmônicas também em relação à Natureza.

Como conseqüência dessa visão mais clara e atual, dir-se-á depois que é melhor ser um Sócrates inquieto que um suíno satisfeito, um esteta ansioso que um aborígene contente...

A euforia do *Iluminismo* ensejou uma grande contribuição literária e uma visão enriquecida de possibilidades em torno de como o homem, a mulher e a sociedade podem realmente ser felizes.

Condorcet afirmava, no seu célebre *Sketch,* que *a bondade moral do homem (...) é susceptível de um aprimoramen-*

to ilimitado e que a natureza vincula estreitamente, numa corrente indissolúvel, a verdade, a felicidade e a virtude. Embora denominando-se ateu, o seu conceito de felicidade tem como suporte a verdade e a virtude, ao mesmo tempo em que lamentava as terríveis diferenças sociais, propunha a paz internacional que seria conseguida mediante condutas de justiça, um saudável comportamento de comércio livre, o surgimento de uma língua universal que juntos se encarregariam de mudar a paisagem dos sofrimentos humanos.

De certo modo, o nascimento do Esperanto, graças a Zamenhof, o surgimento da União Européia, prenunciando um comércio livre, pelo menos entre os seus membros, vêm contribuindo para a fraternidade. Assim mesmo, as diferenças culturais e históricas, preservadoras do egoísmo nacional de cada povo, lutam para manter-se distantes umas das outras, apesar das situações calamitosas. De igual maneira, as lutas de classes, as guerras intestinas ou não, vêm demonstrando a impossibilidade para alcançar-se esse paraíso iluminista, pelo menos nos moldes em que foi apresentado.

Afiançando a necessidade de construir-se o futuro, os iluministas laboravam com um ardor quase religioso, embora a sua descrença em Deus e na vida espiritual.

Essa necessidade de renunciar ao presente, a fim de que o porvir se fizesse engrandecido e pleno, está em Kant, aspirando que as gerações porvindouras deveriam experimentar a felicidade, embora a renúncia dos seus programadores, que deveriam trabalhar afanosamente, sem qualquer intenção de desfrutar dos seus resultados positivos.

Ocorre que a felicidade não pode ficar adstrita apenas à sua face objetiva, à exterior, àquela que fere os sentidos, que contribui com a compensação do prazer sensorial. Há um subjetivismo de muito maior efeito, que são as alegrias internas da consciência de paz, dos deveres retamente cumpridos, das satisfações que decorrem dos ideais abraçados, dos objetivos que são mantidos conquanto defrontem lutas acerbas.

O importante é constatar-se como se sente cada um ante a vida e não quanto possui e frui da vida. O *bem-estar subjetivo* é fundamental à construção da felicidade do indivíduo e do grupo social onde se movimenta.

Nesse sentido, não se deve considerar a felicidade como sendo uma linha reta de emoções contínuas no mesmo padrão, na mesma forma de expressar-se, porquanto, expressa-se em pequenas maneiras de existir, na transitoriedade de cada acontecimento, gerando uma melodia de alegrias que, não obstante com pausas, tem uma continuidade, uma significação, às vezes com pontos máximos e mínimos, num todo harmonioso, gerando diferença entre *estar feliz* e *ser feliz*.

Os iluministas sonharam que o domínio da natureza, a perfectibilidade humana e o governo racional, mudariam a Terra e os seus habitantes.

Um ideal esse, sem dúvida, extraordinário, mas impossível por enquanto, considerando-se o estágio de evolução da criatura terrena, que oscila entre o ser primitivo e o *gentleman*, o bárbaro e o civilizado, o agressivo e o educado...

Desta forma, nem a abominação contra o sofrimento em favor do gozo, nem a eleição daquele em detrimento deste.

Os estóicos, a partir de Zenão de Cício, Cleanto, Crisipo e os seus continuadores, estabeleceram que a felicidade se encontrava na observância dos rígidos princípios morais e de superação do sofrimento, mediante o desprezo pelos gozos materiais, de forma que a harmonia interior se exteriorizasse em júbilo real, dando resistência para os enfrentamentos que desgastam, as enfermidades que debilitam, as dores que enfraquecem o indivíduo.

A busca, pois, da superação do sofrimento tem sido objetivo de preocupação constante na Filosofia, na Psicologia, na Sociologia desde os dias já longínquos do esoterismo oriental, na Índia, na China, no Egito, na Grécia, até as buscas atuais nas Obras de auto-ajuda, nos recursos da meditação transcendental, nos exercícios de concentração, nos métodos chineses e japoneses de reflexão e equilíbrio interno para fugir-se do estresse, da ansiedade, da depressão...

Sucede, no entanto, que a felicidade, por mais seja anelada, é sempre relativa enquanto se transita na Terra.

Estando o ser humano sujeito aos impositivos orgânicos, sociais e governamentais, mergulhado profundamente no conjunto do grupo familiar, há todo um conjunto de fenômenos e de *ameaças* ao que denomina como felicidade, que lhe escapa ao controle pessoal.

Somente uma visão realmente espiritualista e, por ideal, espiritista, oferece os meios hábeis para o encontro da felicidade, através da vivência dos postulados cristãos em clima de alegria e de libertação de preconceitos amargos e perversos, de realizações dignificadoras e de solidariedade, trabalhando o íntimo e os relacionamentos externos, de forma que se torne a existência laboriosa e rica de paz, ensejando contentamento e esperança de plenificação enquanto no mundo mesmo.

Mediante essa compreensão da lei de causa e efeito moral, assume-se a responsabilidade do dever de *ser hoje melhor do que ontem,* aceitando-se sem revolta as ocorrências perturbadoras na saúde, no bem-estar socioeconômico, familiar, trabalhando, porém, infatigavelmente, quanto lhe permitam as forças, a fim de mudar-se a paisagem por onde se deambula. Se negativa, como efeito das ações pretéritas infelizes, utilizando-se de todo o esforço para reparar danos e (re)construir situações favoráveis. Se positiva, ampliando a área de labores que geram bênçãos para todos, por conseqüência, mantendo as próprias conquistas e tornando-as mais relevantes. Contudo, os desafios serão sempre oportunidades para novas realizações, ensejos de crescimento e de edificação que nunca cessarão.

A felicidade, portanto, consistirá sempre no bem-estar que se pode conseguir subjetivamente em decorrência da vitória sobre si mesmo e objetivamente criando situações de harmonia, de progresso, de conforto, de saúde e de alegria de viver.

Por fim, conseguindo-se experienciar com freqüência o lapidar conceito inscrito no pórtico do Templo de Apolo, em Delfos, *Gnôthi seauton*, que Sócrates conduziu a Atenas introduzindo-o em sua proposta filosófica. O *Conhece-te a ti mesmo* é ainda a chave que pode elucidar o enigma da felicidade, conforme o Espírito Santo Agostinho bem explicou em adendo à resposta que os Espíritos deram à pergunta formulada por Allan Kardec, de número 919, em *O Livro dos Espíritos*.

Meditação

Na mitologia grega, a tragédia que envolve os irmãos Prometeu e Epimeteu oferece uma grande contribuição em favor da meditação que deve preceder a qualquer tipo de comportamento humano.

Prometeu, após pensar e deliberar, conseguiu furtar de Zeus o fogo sagrado e a luz do conhecimento, oferecendo-os aos seres humanos. Pela audácia do crime perpetrado foi condenado a permanecer acorrentado a um rochedo, sofrendo a agressão de um abutre que lhe devorava o fígado em contínua renovação todas as manhãs.

Epimeteu, por sua vez, advertido para que não aceitasse nenhum presente de Júpiter, deixou-se seduzir, e imprevidente, acolheu Pandora, que abriu sua caixa libertando os males que logo depois passaram a afligir o mundo.

As duas posturas, a prometéica e a epimetéica, representam situações típicas dos indivíduos que agem sem aprofundamento da mente em torno dos objetivos que perseguem.

Prometeu, embora houvesse elaborado o plano do furto, não se apercebeu dos perigos a que se expunha, pagando alto preço pela atitude irrefletida. Enquanto Epimeteu, apesar de advertido, agiu irresponsavelmente, permitindo que se alastrasse o mal pela Terra.

Ambos foram vítimas da falta de meditação.

Todas ações humanas produzem efeitos compatíveis que decorrem da carga emocional que conduzem. Inevitavelmente, essas conseqüências respondem pela felicidade ou desdita que passam a envolver o indivíduo. Após desencadeadas, quando negativas, o sofrimento segue-lhes em pós, exigindo novos comprometimentos que as liberem pelo refazimento do equilíbrio que foi desarticulado.

Uma existência plena, portanto, feliz, deflui das atitudes interiores do ser, graças às quais, se concretizam os fatos, dando lugar ao comportamento correto.

Não basta apenas pensar, refletir, mas também faz-se necessário aprofundar os conteúdos, eliminar os conceitos vãos, superar as barreiras emocionais, gerar o hábito de apaziguar-se internamente, para que os logros existenciais se façam acompanhar de alegrias e bem-estar, mesmo quando novas ocorrências possam produzir ansiedade e frustração. Se equipado de harmonia, os choques naturais invitam a novas condutas, sem que fiquem as marcas perturbadoras que se associam aos conflitos que surgem.

A análise rápida em torno de algumas ambições quase sempre resulta em angústia, pior ainda quando não se cuida sequer de examinar-lhe as possibilidades de êxito, que se podem converter em aflições contínuas, conforme aconteceu com os dois seres mitológicos referidos.

A meditação, por sua vez, possui os instrumentos operacionais para serem evitados danos dessa ou de outra natureza, porque proporciona a libertação das ambições tormentosas, apazigua o emocional, estabelece procedimentos em favor da plenificação, que independe das conquistas externas, superadas as circunstâncias geradoras de aflições.

A meditação é de relevante importância para uma existência saudável, pelo quanto propicia de lucidez e de liberação dos gravames que dificultam o processo de auto-realização.

Adquirido o hábito salutar de meditar, mergulhando o pensamento na análise profunda do tema de interesse, essa atitude faculta a percepção de detalhes e conteúdos que passam despercebidos, quando não examinados conforme se faz necessário.

A meditação resulta de hábitos disciplinados que são propostos, de maneira que o equilíbrio se estabeleça em campo de harmonia pessoal que se exterioriza nos relacionamentos com as demais pessoas, a Natureza e a Vida.

A existência acelerada que tumultua a mente, exigindo-lhe superatividade, consome desnecessariamente energias valiosas que deverão ser canalizadas para misteres mais significativos. As inúteis e tormentosas ansiedades pelo que se deve realizar, as lembranças amargas de referência ao que se fez, as buscas incessantes em favor do prazer, as aspirações exageradas em torno da posse transformam-se em metas afligentes que nunca se tornam realizadas, porquanto se sai de um desejo incontrolado para outro mais inquietador.

Esses contínuos anseios para a resolução de compromissos externos apressam o tempo escasso que parece nunca poder atender a todas necessidades. Concluída uma etapa outra se apresenta exigindo compreensão e a *sede da água do mar* torna-se insuportável, levando a transtornos graves.

O tempo, por mais se planejem ocasiões futuras, é sempre hoje, o valiosíssimo instante agora, que deve ser vivenciado sem apreensão, momento a momento, como quem toma uma xícara de chá morno com prazer e desfruta tranqüilamente o seu calor, o seu paladar, o bem-estar que disso decorre. Nenhum anseio pelo que virá, remorso algum pelo que já aconteceu, deve ser a maneira de viver-se.

Logo mais será a oportunidade de prosseguir, reparando, se for o caso, a ação infeliz que ficou no pretérito aguardando correção. Tudo em clima de paz.

Para que seja conseguida a real identificação de si mesmo, Espírito imortal que se é, a concentração mental, a introspecção, a viagem de autodescoberta constituem os recursos indispensáveis para o logro, sem o que, impossibilitado de conhecer-se, foge-se de uma para outra situação, adicionando-se cargas emocionais que terminam por descompensar o equilíbrio homeostático, facultando somatizações enfermiças ou instalação de doenças de etiologia complexa, tornando a vida execranda.

Assim não sendo surgem os mecanismos de fuga, os transtornos psicológicos se instalam ou as alienações tomam corpo, ceifando vidas fadadas à felicidade, que a inépcia, a desatenção, deixaram vencer.

A meditação, ou o exercício do silêncio interior, da quietação das ansiedades e das aflições, lentamente proporciona o descobrimento do bem-estar interno, que se assenhoreia, a pouco e pouco, do ser espiritual e do seu transitório invólucro carnal.

Alguns minutos diários são suficientes para criar-se disposição agradável, prolongando-se pelas horas porvindouras.

O superconsciente guarda tesouros inestimáveis que podem ser conseguidos e transformados em bênçãos quando são encontrados através do mecanismo da meditação.

A princípio, na quietude da mente transformada em um espelho, recebem-se impressões que emergem do inconsciente como clichês vigorosos que podem ser avaliados com imparcialidade e logo diluídos.

Muitos deles são fixações aflitivas que não foram absorvidas pelo eu consciente ou constituíram choques emocionais que foram abandonados sem o devido esclarecimento e que permanecem enviando os seus conteúdos pessimistas, de culpa, de arrependimento, de punição, de justificação, impossibilitando a clara compreensão das ocorrências novas e das necessidades de progresso.

Imaturo, normalmente, o ser procura não pensar nas questões perturbadoras, nas ocorrências desagradáveis, nas propostas do prazer e nas suas conseqüências, quando vitimado por conflitos diversos, atirando ao inconsciente o que considera afligente ou tem em conta de *lixo mental*.

Sucede que somente quando se realiza a catarse espontânea do que é desagradável e inquietador, que as impressões conflitivas se desfazem deixando a área livre de problemas emocionais.

À medida que se vai adentrando na meditação e adquirindo maior campo de paz, ressumam também do inconsciente profundo reminiscências de existências transatas, que propiciam real entendimento dos sucessos atuais em clima de paz e de alto discernimento, proporcionando sentido e significado psicológicos como estímulos indispensáveis para o prosseguimento dos compromissos.

Não sejam esses os objetivos da meditação, que deve descaracterizar-se de metas intelectivas e emocionais, para seguir o rumo nobre da harmonia da mente com os sentimentos.

Nada obstante, aguçada a intuição que se desbloqueia das células que as impedem de exteriorizar-se, enseja intercâmbio salutar com outras inteligências, especialmente as dos seres desencarnados que se acercam, facultando precioso intercâmbio mediúnico, assim contribuindo para melhor qualificação das experiências que se fazem prazenteiras e compensadoras.

Ausentando-se das impressões sensoriais em face do afrouxamento dos fulcros de fixação do Espírito na matéria, o perispírito permite que o ser se desloque parcialmente do corpo, realizando *viagens astrais*, visitando outras Esferas ou mesmo outras regiões da Terra, onde pode ampliar os conhecimentos na convivência com os nobres Guias da Humanidade ou os seus próprios mentores afeiçoados.

Esse agigantamento das faculdades parapsíquicas e mediúnicas permite uma jornada de ser interexistente no quotidiano, quando se passa a viver no corpo somático, mas simultaneamente participando da realidade do Mundo Maior de onde se originou.

Por extensão, como fenômeno normal, consegue-se maior controle da mente e mais amplas possibilidades de captação de energias especiais para a saúde, fortalecendo o sistema imunológico e liberando-se de tormentos obsessivos, quando os houver, por experimentar mudança de campo vibratório ascendente, no qual passa a situar-se, desconectando os plugues que permitem a ligação constritora...

Irrigando-se de vibrações superiores da Vida, aumenta as resistências emocionais e físicas, mentais e mediúnicas, trabalhando em favor da libertação de enfermidades e de heranças perversas do passado, mediante cuja conquista o ser torna-se mais calmo, possuidor de mais ampla compreensão dos objetivos da existência. Modificando-se sempre para melhor, adquire uma especial aura de paz que exterioriza impregnando em derredor, inclusive aqueles que se lhe acercam.

Após o atendimento às multidões esfaimadas, atordoadas, inquietas e insaciáveis, Jesus buscava o recolhimento, a oração, a meditação, nos quais, em comunhão com Deus, refazia-se e ampliava o campo de ação amorosa, no qual albergava e socorria as novas levas humanas que O buscavam.

A meditação, no seu complexo e nas variadas formas técnicas para os resultados felizes, pode também ser simplificada, a fim de atender as pessoas não equipadas de conhecimentos específicos, mas perfeitamente exequível nos processos singelos e nas tentativas mais simples.

Basta o indivíduo aquietar-se, num ambiente agradável e silencioso, procurar asserenar a mente, entregar-se... Sem perigo de qualquer natureza, porquanto pode ser interrompida com um simples abrir dos olhos e retornar à realidade objetiva, não impõe necessariamente dispositivos ortodoxos para que sejam conseguidos os fins desejados.

Contudo, deve-se manter um ritmo seguro de experiências, em forma de continuidade do treinamento, a fim de preservar a mente flexível e adaptável aos momentos de paz e de iluminação interior. Meditação para a vida feliz é passo de segurança para as ações enobrecidas e as doações de amor, inclusive, da própria vida, se necessário, pela certeza que se possui da imortalidade do Espírito, da sua sobrevivência, da reencarnação e da justiça de Deus.

Oração e paz

Mesmo que o não saiba conscientemente, o ser humano, durante a sua existência terrena, caracteriza-se por uma incessante busca que o propele à realização de contínuas experiências, que são assinaladas por lutas que se lhe convertem em patrimônio de evolução.

Nas etapas iniciais do processo de cultura e de afirmação da sua realidade, pervaga automaticamente por inúmeros caminhos, que infelizmente não o levam ao lugar almejado, deixando-o sempre ansioso, inquieto.

Nesse mesmo período estabelece metas materiais que se constituem de coisas que proporcionam prazer, e logo as consegue, ei-lo invadido por frustração tormentosa que o mantém vazio interiormente. Altera o rumo, e procura destaque na sociedade, nas realizações políticas, ambicionando posições e poderes que tampouco o preenchem quanto gostaria, quase sempre despertando desse letargo mais insatisfeito. Vezes sem conta entrega-se aos ideais de enobrecimento, de cultura, de arte, mas assim mesmo, sem o apoio interior de uma fé religiosa bem estruturada, quase sempre desfalece na luta assinalado pelo desencanto. Possivelmente, isto ocorre, porque os objetivos próximos, por mais grandiosos se desenhem na mente, assim que são alcançados perdem o seu brilho e encantamento.

É necessário que haja uma paixão mais forte, quase invencível, que transcenda os limites do alcançável próximo, a fim de que prossiga impelido no rumo daquilo que o levará ao êxtase.

Esta busca não se pode resumir, portanto, às contingências imediatistas, aos jogos formais do mundo transitório e dos relacionamentos sociais, mas à necessidade superior de um encontro íntimo com Deus, que lhe escapa, mas do qual não consegue fugir, por mais se embrenhe no cipoal das ilusões.

Reacionário às propostas espirituais, por sentir-se defraudado nos sentimentos que foram explorados por alguns credos, por diversas confissões religiosas e seus pastores, silencia as aspirações íntimas e transfere-as para as articulações mundanas, não conseguindo anular os anseios profundos do ser imortal que é, mesmo quando procura negá-lo racionalmente.

É certo que gostaria de ter certeza da existência de Deus, de ouvi-lO, de manter um contato mediante o qual se renovasse intimamente, alegrando-se nas situações mais adversas que sempre o surpreendem como a todos nautas terrestres. Algo lhe intui, porém, que a vida não pode ser o fruto espúrio do acaso diante de leis tão perfeitas quais as existentes no Universo, e que, magoado, tem considerado como um *caos* ordeiro, é certo, já que tudo funciona em equilíbrio...

Quando algo se lhe apresenta em desarmonia, é efeito da sua visão insuficiente para examinar o conjunto, detendo-se em apenas um aspecto que, de forma alguma, desorganiza o conjunto. Observando, por exemplo, as explosões solares que levantam labaredas a alturas colossais, quando vistas da Terra não são notadas nem desfazem a forma do astro arredondado como centro gravitacional do Sistema... Desta maneira, sempre que alguma parte parece destoar do conjunto, em realidade encaixa-se na ordem geral.

Para que se possa ouvir Deus é necessário conhecer-Lhe a linguagem, que é o silêncio profundo e total.

Na algaravia das discussões externas e das inquietações internas este logro é impossível.

Partindo-se do princípio através do qual, no momento em que a mente se acalma o corpo relaxa e se tranqüiliza, faz-se imperioso que a busca de maneira consciente proporcione harmonia de pensamento, a fim de que se manifestem os efeitos do bem-estar geral, para o qual o recurso mais eficiente é a oração.

Infelizmente, a ortodoxia religiosa impôs aos homens e às mulheres, à cultura, conceituações estapafúrdias sobre Deus, tornando-o o *Senhor dos Exércitos* com o subalterno objetivo de auxiliar povos beligerantes a realizarem conquistas arbitrárias. Algumas vezes, mitificaram-nO com as absurdas referências de *Iracundo, Vingador, Impiedoso,* que Lhe retiram a grandeza e a imutabilidade, para atender aos interesses vis dos bajuladores hábeis ou dos sórdidos comerciantes do Seu nome.

Descartando-se estas e outras alegorias com que O têm vestido e restituindo-Lhe a magnitude original, ei-lO habitando o Universo, por conseqüência também, o imo de cada criatura, aguardando somente ser descoberto, a fim de agigantar-se e deixar-se identificar.

No escuro do solo, ao aparente abandono, atendida por brando calor, a semente estua e liberta a vida que nela dorme, atraída pelo Sol.

Assim também o *Deus interno*, cuja busca não se apresenta com artifícios exteriores nem com trombetas que ressoam produzindo estardalhaço.

Ocorre que somente no grande silêncio podem-se ouvir os *sons inarticulados* do Universo, aí destacando-se a voz de Deus.

Quando, pois, a busca torna-se consciente, o ser humano transforma-se, experienciando, a partir do momento da decisão, a satisfação que precede o encontro.

A oração, portanto, é possuidora do elã que conduz a Deus, necessariamente à paz.

Normalmente, ora-se na condição de mendicância, somente para pedir em atitude de egoísmo e desconsideração para com Aquele que tudo pode. Olvidando-se a condição de filho que se é, assume-se uma postura aviltante de miserabilidade, como se isso comovesse a Paternidade Divina. Não se torna necessário que o indivíduo se exclua da dignidade, retratando-se abjeto e miserável, para comovê-lO, pois que esta maneira servil e falsa não tem qualquer sentido. Outrossim, recorre-se às técnicas habituais da bajulação mediante a exaltação do Seu nome e a usança de qualificativos que em nada Lhe aumentam a dignidade, não podem pois conseguir-se os resultados que se almejam.

Deus conhece a todos e a tudo, tendo medida exata do valor de cada qual.

Somente a atitude digna, leal, corajosa e elevada do filho que fala ao Pai produz uma ressonância que O alcança, propiciando a resposta que é detectada por aquele que ora.

Escapa a qualquer excogitação a maneira como Deus manifesta o Seu inefável amor, no entanto, sente-se-Lhe a presença em todos os momentos existenciais, comandando a vida.

Conduzindo os tesouros do Divino Poder no imo, são poucos aqueles que se detêm a examiná-los, a fim de os aproveitar na vilegiatura humana, em especial os que dizem respeito à Sua presença no âmago do ser. A grande maioria conduz esses valiosos recursos sem que tenha noção da preciosidade daquilo que carrega, semelhando-se a bestas de carga que, conduzindo volumes abarrotados de ouro e de pedras preciosas ou de palha e adubo, comporta-se de igual maneira, ignorando o que transporta.

Desta maneira, o conhecimento deve estar presente na oração, de forma que se saiba como comunicar-se com Deus e de que forma proceder, a fim de ouvir-Lhe a resposta.

É comum gritar-se pedindo socorro, sem permitir-se tempo disponível para saber se foi ouvida a solicitação e se haverá algum meio de ser atendida a rogativa.

No que diz respeito à oração, o procedimento tem sido idêntico, alternando-se queixa, reclamação e súplica, num afã ininterrupto que leva à exaustão, não se permitindo espaço para que seja captada a resposta ao apelo em forma de diretriz para melhor conduta no cometimento anelado.

Compreendendo a imaturidade humana, Jesus foi muito sábio sugerindo que, ao tentar manter contato com Deus, cada um *entre no seu quarto e, fechando a porta, ore a seu Pai que está em secreto, e seu Pai, que vê em secreto, o recompensará. E orando, não use de vãs repetições, como os gentios, porque pensam que pelo seu muito falar serão ouvidos. Não se assemelhe, pois, a eles, porque seu Pai sabe o que lhe é necessário, antes de lho pedir...* (Mateus, 6:6 a 8.)

Esta comunhão estabelece-se de Espírito a Espírito e não através dos métodos convencionais de superfície, celebrados nos cenários da vacuidade humana ou em espetáculos ruidosos de massas ávidas por divertimentos.

A oração real consiste em *abrir-se a boca* ***(os, oris)*** da alma, a fim de expressar-se o que as palavras não conseguem traduzir, mas que os sentimentos falam de maneira incomum, utilizando a linguagem do amor. No amor, portanto, está a fórmula ideal para comunicar-se com Deus, exteriorizando-se emoções e necessidades, relatando-se aflições e sonhos não tornados realidade, para análise da Sua infinita compreensão. No silêncio, que se fará inevitável, porque as decisões elevadas dispensam palavrório perturbador, será captada a resposta em forma de harmonia interior, de paz do coração que acalma as ansiedades e refrigera a ardência das paixões.

Concomitantemente, inarticulada voz enunciará em resposta como sendo fundamental para a vitória o amor a si mesmo – em forma de autoconfiança, de burilamento moral, de auto-iluminação, de transformação de conduta para melhor. Este auto-amor torna-se vital, porquanto nele está a chave para a decifração de todas as incógnitas da existência.

Habitando o mundo interno do ser, Deus rege os valores jacentes, que se multiplicarão em conhecimento, sabedoria e respeito pela vida.

Quando, então, alguém se auto-ama, logicamente a Deus também ama, em razão da Sua presença interna. Nesta emoção fazem-se detectadas as grandezas da alma e as suas defecções, as glórias que a aguardam, mas também as misérias que a impedem de alçar os vôos libertadores para alcançá-las.

Descobre-se, a partir desse momento, o abismo que separam as criaturas umas das outras, propelindo à vigência do amor que se agiganta na direção do próximo, no qual também se encontra Deus. Neste entrelaçamento de emoções, novamente o amor a Deus se expande, alcançando dimensões inesperadas. Todas as formas vivas adquirem sentido e significado, todas as expressões de vida, mesmo as inanimadas, apresentam-se como fundamentais para o conjunto e passam a adquirir o valor que antes não lhes era atribuído.

Esta é a oração que abarca a vida e suas manifestações, bem diferente daquela assinalada pelas invariáveis súplicas em favor dos interesses mesquinhos e transitórios.

Neste recolhimento essencial, descobrindo as Fontes da Vida, também se está orando em favor de si mesmo, haurindo no Pensamento Divino as energias vitalizadoras de que se necessita para não naufragar nas tempestades, nem permanecer na praia contemplativa sem coragem para lançar-se à aventura da evolução.

Para que o êxito se faça acompanhar a partir do momento em que surge o simples desejo de orar, deve-se confiar nos seus resultados, como ocorre quando se faz alguma semeadura, deixando que tenham lugar os fenômenos pertinentes à germinação. Caso fosse examinada a cada período se a semente já está entumecida e em condições de arrebentar-se, ao invés de conseguir-se o almejado, matar-se-lhe-ia a seiva generosa.

Da mesma forma, torna-se imprescindível deixar que as condições espirituais facultem o sucesso do empreendimento oracional, não antecipando resultados nem afligindo-se pelo conseguir.

Há tempo para tudo: semear, irrigar, livrar das pragas, cuidar, colher...

Em todos os aspectos da vida os fenômenos são iguais.

A oração proporciona paz, mas somente quando se acalmam as angústias é que se pode orar, desta forma encontrando-se Deus, identificando-O, dEle recebendo a inspiração de forma que a existência adquira o encantamento e a plenitude que lhe são destinados.

Este livro foi impresso
no Departamento Gráfico da
FEDERAÇÃO ESPÍRITA BRASILEIRA
na cidade do Rio de Janeiro
em julho de 2004.

www.febrasil.org.br